CENTESIMUS
ANNUS

W0334964

Lettera Enciclica
di S.S. Papa Giovanni Paolo II

CENTESIMUS ANNUS

L'insegnamento sociale della Chiesa dalla Rerum Novarum ad oggi

Il testo integrale della nuova Enciclica
e della Rerum Novarum
con introduzioni e analisi storica
di mons. Franco Biffi

PIEMME

Copertina: Studio AEMME

I Edizione 1991

© 1991 - EDIZIONI PIEMME Spa
15033 Casale Monferrato (AL) - Via Del Carmine, 5
Tel. 0142/3361 - Fax 0142/74223

«RERUM NOVARUM» ENCICLICA PROFETICA

TRIPLICE MISSIONE DEL PROFETA

Ai grandi crocicchi del suo affascinante e tragico itinerario lungo l'Antico Testamento, nelle ore critiche in cui la fedeltà all'alleanza sembra comportare il fallimento delle prospettive terrene, Israele s'imbatte sempre in un profeta.

A Mosè è affidato il compito titanico di spezzare i ceppi della schiavitù in Egitto e di guidare il popolo eletto, attraverso un esodo quarantennale, alla Terra della Libertà.

Quando Israele sarà sospinto dallo stesso potere regio a prostrarsi alle false divinità straniere, sorgerà Elia a difendere impavido i diritti del Dio unico e vero.

Quelli che la tradizione onora del titolo di profeti maggiori – Isaia, Geremia, Ezechiele e Daniele – sono i testimoni della minaccia dell'esilio, la distruzione del tempio e di Gerusalemme, la deportazione a Ninive e a Babilonia, il ritorno a casa dell'esaltante prospettiva della venuta del Messia liberatore. L'ultimo, e il più grande di tutti, sarà Giovanni Battista, la cui missione sarà quella di additare in Gesù, presente in mezzo al popolo, il vero Cristo, Figlio di Dio, Salvezza per ogni uomo che viene alla luce.

Denunciare il male

Anche il nuovo Israele, la Chiesa, lungo il suo ormai bimillenario pellegrinaggio, nei momenti più cruciali e decisivi è sempre visitata da profeti: donne e uomini suscitati da Dio per sollecitare un ritorno alla purezza delle origini o spalancare orizzonti sempre più sconfinati. Basti accennare al ruolo di san Benedetto, di san Gregorio Magno, dei santi Cirillo e Metodio nell'accoglienza dei nuovi popoli e nel gettare le comuni radici cristiane delle nazioni europee; di san Gregorio VII nel difendere la libertà della Chiesa dalle usurpazioni del potere imperiale; di san Francesco d'Assisi per la riscoperta della fragranza del Vangelo autentico; di san Tommaso d'Aquino e d'innumerevoli altri maestri nella creazione d'una sintesi feconda tra cristianesimo, tradizione classica e cultura islamica; di santa Caterina da Siena e di santa Brigida per la ricomposizione dell'unità ecclesiale dopo lo scisma e l'esilio papale ad Avignone; di san Carlo Borromeo nell'arginare il dilagante protestantesimo, far applicare le direttive ricostruttrici del Concilio di Trento; di sant'Ignazio di Loyola, san Pietro Claver e mille altri nel correre verso i nuovi confini della terra dopo le scoperte geografiche del XV e XVI sec.; di Bartolomeo de las Casas per la difesa dei diritti degli indiani d'America; di santa Teresa d'Avila e di sant'Alfonso de' Liguori nel riproporre la santità come ideale comune alle anime consacrate nei chiostri e alla gente presa nel vortice delle attività quotidiane.

Annunciare la verità

Anche verso la fine del sec. XIX, la Chiesa attraversava una fase di crisi: non solo l'incomunicabilità tra cristianesimo e « cultura liberale » uscita dalla Rivoluzione Francese, ma anche la difficile scelta operativa nei riguardi della scristianizzazione delle masse lavoratrici e della « immeritata miseria » cui era ridotto lo sterminato esercito dei proletari a seguito dei contraccolpi negativi della Rivoluzione Industriale.

Occorreva un profeta: la Chiesa e l'umanità lo ebbero nel papa Leone XIII. Il messaggio affidatogli dallo Spirito di Dio per la Chiesa e la società di quel tempo è racchiuso nella sua enciclica « sulla questione operaia », la *Rerum Novarum*, pubblicata il 15 maggio 1891[1].

[1] Enciclica « profetica e presaga dell'insorgente processo sociale dei tempi » venne definita la *Rerum Novarum* da Pio XII, nel Radiomessaggio di Pentecoste 1941, celebrativo del 50° del documento di Leone XIII.

Anticipare il futuro

Così come lo conosciamo dalla Bibbia, il profeta è un uomo suscitato da Dio per svolgere una triplice missione: di denuncia, di annuncio e di anticipazione.

Il profeta è in primo luogo l'uomo che denuncia il male: smaschera l'errore, ammonisce gli erranti, lotta contro le potenze del male, mette in guardia da ogni travisamento della verità, combatte l'immobilismo (che è il peccato di omissione).

In secondo luogo, il profeta annuncia un messaggio: egli è il depositario di una speciale parola che Dio intende rivolgere in un preciso momento della storia a una persona o a un gruppo o a un popolo o all'intera umanità: tale parola il profeta deve custodire e trasmettere inalterata, senza nulla togliere o aggiungere.

Infine, il profeta preannuncia il futuro: precorre i tempi, addita delle mete, indica una strada, vi orienta le coscienze di individui e di nazioni.

Nella sua enciclica sociale, Leone XIII ha svolto simultaneamente tutti e tre gli aspetti della missione del profeta. È quanto cercheremo di evidenziare con queste note introduttive, presentando la *Rerum Novarum*, sia pure per sommi capi, come un'enciclica profetica nei suoi aspetti di denuncia del male, di annuncio della verità e di anticipazione del futuro.

I - Rerum Novarum: denuncia di cinque « strutture di peccato »

L'enciclica si apre con la lucida, stringatissima ma esauriente denuncia di *cinque mali sociali* (oggi diremmo cinque « strutture di peccato »): quella specie di vertigine da cui l'umanità s'è lasciata prendere; la conflittualità permanente nel mondo economico-sociale; l'insorgere e l'ingrossarsi d'una nuova forma di schiavitù, il proletariato; la libertà di parola e di azione accordata a due falsi profeti (il capitalismo liberale e il socialismo collettivista); il « tradimento » di non pochi cristiani.

1. Vertigine

Apre la serie delle denunce – nel titolo stesso dell'enciclica *Rerum novarum cupidine*[2]– la *vertigine* causata dall'*ardente brama di novità* da cui un po' tutti, in alto e in basso, si son lasciati sedurre: era fatale, esordisce Leone XIII, che dal disordine delle idee si giungesse al disordine nei rapporti da uomo a uomo, nella vita quotidiana e nei rapporti economici e sociali (cfr. RN, n. 1).

È una vertigine che abbraccia circa quattro secoli di pensiero e di attività umana: fu infatti con l'Umanesimo del sec. XV che i popoli iniziarono a lasciarsi agitare dalla sete smodata di novità: fu allora che ebbe inizio la progressiva abiura dalla fede cristiana; la laicizzazione dapprima inavvertita poi man mano affermata e sbandierata; il culto della supremazia della ragione umana sottratta alla regola morale; l'illimitata fiducia nel progresso, messo a portata di mano a seguito delle scoperte scientifiche succedentisi a ritmo serrato e delle applicazioni tecniche che, nei secoli XVIII e XIX, cambiano letteralmente la faccia della terra. La Rivoluzione francese dell'89 troverà il terreno ormai dissodato: nel nome della libertà e della uguaglianza s'instaureranno sistemi politici i cui effetti non tarderanno a manifestarsi nel campo sociale, ove verrà proposto un nuovo tipo di fraternità (nel « Manifesto » di Marx del 1848). Alla fine del secolo XIX, la parabola discendente dei valori umani si trova al punto più basso, mentre al punto più alto si inarca la parabola dei mezzi tecnici (capitale, economia, industria): in questo capovolgimento di valori (il fine – l'uomo – è diventato mezzo o stumento, e gli strumenti il fine) risiede essenzialmente il « problema sociale ».

2. Conflitto sociale

Problema sociale che ormai va chiamato col suo vero nome: *conflitto,* oggetto della seconda denuncia papale.

> « Infatti, i progressi incessanti dell'industria, le nuove strade aperte dalle professioni, le mutate relazioni tra padroni e operai; l'accumulo della

[2] Va posto infatti l'accento sulla terza parola latina *(cupidine),* per intendere correttamente le prime due: è l'ardente brama di novità che ha finito per causare quella serie infinita di mali ed errori che tra poco il Papa elencherà e su cui il Magistero rivendica il diritto di dare un giudizio a fine di proporre i rimedi.

ricchezza nelle mani di pochi, accanto alla miseria della moltitudine; la maggiore coscienza che i lavoratori hanno acquistato di sé, e di conseguenza una maggiore unione fra essi e inoltre il peggioramento dei costumi, tutte queste cose hanno fatto scoppiare un conflitto » (RN n. 1).

Vale la pena di soffermarsi qualche istante sulla sintomatologia del conflitto denunciato dall'enciclica.

— « *I progressi incessanti dell'industria, le nuove strade aperte dalle professioni* » alludono all'impostazione, ai metodi e agli effetti economici di quella che abitualmente è detta « rivoluzione industriale », vale a dire quella rapida e profondissima trasformazione dei sistemi di produzione resa possibile dalla straordinaria copia di invenzioni e di scoperte e dall'utilizzazione di nuove materie prime, sposata allo spettacolare incremento demografico, alla crescente richiesta di beni di consumo e a insospettate possibilità di scambio.

— « *Le mutate relazioni fra padroni e operai* » accennano al quadro giuridico in cui si svolge la predetta rivoluzione industriale. Durante la Rivoluzione francese non solo erano state abolite le antiche corporazioni, che per secoli avevano retto, non certo senza limiti e carenze, i rapporti reciproci tra datori di lavoro e lavoratori, ma, in nome della libertà individuale e dell'uguaglianza, erano poi state vietate le associazioni e quindi resi illegali e impossibili i sindacati; i padroni, di conseguenza, avevano la « libertà pratica » di fare ciò che loro conveniva grazie ai « dogmi » della libera concorrenza e del profitto che stavano alla base del sistema di produzione; gli operai erano essi pure liberi, ma di una « libertà teoretica »: in pratica, trovandosi soli, isolati e indifesi (lo Stato essendo demunito di ogni diritto e dovere di intervento) erano alla mercé di datori di lavoro poco scrupolosi e delle contingenze della congiuntura, ora in espansione ora in crisi.

— L'inciso « *l'accumulo della ricchezza nelle mani di pochi, accanto alla miseria della moltitudine* » è la costatazione sociologica del risultato cui era approdato, negli ultimi decenni del secolo, il sistema liberal-capitalistico. La società si presenta divisa in due blocchi sproporzionati e contrapposti: « La ricchezza è confluita nelle mani d'un piccolo numero — dirà poco più oltre Leone XIII — e la moltitudine è stata abbandonata nell'indigenza ». Viene spontaneo pensare alla *Populorum progressio* ove Paolo VI denuncia l'assurdo contrasto d'un mondo ove « i ricchi diventano sempre più ricchi e i poveri sempre più poveri » (cfr., per esempio, i nn. 8 e 33).

— L'inciso *« la maggiore coscienza che i lavoratori hanno acquistato di sé, e di conseguenza una maggiore unione fra essi »* riassume icasticamente tutto un altro capitolo della storia sociale del mondo operaio della seconda metà del sec. XIX. A seguito dell'industrializzazione si sono creati nuovi grandi centri urbani, alle cui cinture sono ammassate centinaia di migliaia di esseri umani, le famiglie proletarie (interessante un confronto con le « fotografie introduttive della *Octogesima adveniens*): è la « massa » che vive sullo stesso ritmo (lavoro stressante, pausa, andata e ritorno dei pendolari, divertimenti, e poi di nuovo lavoro e via dicendo), ha le stesse reazioni, aspirazioni, rivolte, scoraggiamenti, decadenze e quindi « prende coscienza dell'identità di destino » e ritrova una sorprendente unione (non si può non pensare a certe pagine di Marx ed Engels). D'altra parte, negli ultimi decenni del secolo, si erano ormai costituiti i sindacati operai (dapprima in forma extralegale, poi con riconosciuta libertà): ed è anche a questa forma di solidarietà che l'inciso del capoverso in esame si riferisce.

— *« Il peggioramento dei costumi »* infine, accenna alla degradazione cui ha condotto la « brama di novità »: lo scetticismo e il razionalismo del sec. XVIII sono sfociati nell'agnosticismo, nel radicalismo, nel materialismo e nell'anticlericalismo del sec. XIX.

Il cristianesimo, non trovando vita personale coerente in parecchi battezzati, non riesce più a permeare la società: donde la decadenza dei costumi.

Un abisso — affermerà il Papa verso la conclusione dell'enciclica — è stato scavato in seno alla società, di cui l'enciclica denuncia l'innaturale divisione come in due casse.

> « Da una parte una fazione strapotente, perché straricca, la quale, avendo in mano ogni sorta di produzione e commercio, sfrutta per sé tutte le sorgenti della ricchezza, ed esercita pure nell'andamento dello Stato una grande influenza. Dall'altra una moltitudine misera e debole, dall'animo esacerbato e pronto sempre a tumulti » (n.39),

anche perché sobillata da chi vuole strumentalizzarla in vista della rivoluzione, sbocco fatale della lotta di classe.

3. Nuova schiavitù

Il giogo quasi schiavistico, imposto all'infinita moltitudine di proletari da un piccolissimo numero di straricchi, è oggetto della terza denuncia dell'enciclica (RN, n. 2).

Facendo un bilancio di centocinquant'anni di « progresso », Leone XIII non può non opporre alla visione dei giganteschi impianti industriali, alle potenti concentrazioni finanziarie, alla incontenibile espansione della produzione cui va attribuito, negli ultimi decenni, un innegabile miglioramento del tenore di vita generale, il pauroso regresso culturale, sociale e morale che consiste in quella riedizione dell'antica schiavitù, cui si può paragonare il proletariato.

Solo, isolato e indifeso; svestito della dignità di persona, ridotto a oggetto di cui si può abusare a scopo di lucro, né valutato più di quel che valgono i suoi nervi e i suoi muscoli; divorato dallo strozzinaggio rapace; fagocitato dai grandi monopoli; in balia della cupidigia dei padroni che non hanno più alcun rispetto dei valori morali, sballottato come uno straccio nelle raffiche della concorrenza sfrenata: ecco, dopo diciannove secoli di cultura cristiana, il lavoratore dell'industria è ridotto esattamente alla condizione di uno schiavo dell'era pagana.

4. Falsi profeti

La quarta denuncia prende di mira i *falsi profeti,* le due ideologie, il liberalismo capitalista e il socialismo collettivista, che hanno accompagnato la rivoluzione industriale.

a) Del *capitalismo liberale* la RN denuncia:

– il falso dogma dell'inflessibilità delle « leggi economiche » della offerta; donde la disumana concezione della giustizia (n. 36);

– l'errata concezione della libertà, che risulterebbe dall'accettazione di un accordo, magari estorto, senza alcun riferimento a una norma di giustizia naturale, anteriore e superiore (cfr. n. 36);

– il perseguimento del profitto in totale assenza di scrupoli nei riguardi della persona del lavoratore, ridotto alla stregua di un qualsiasi ingrediente della produzione, trattato come cosa, di cui si abusa « a scopo di guadagno » (n. 16); non stimato più di quello che valgono i suoi nervi e le sue forze, donde il « trafficare sulla miseria » (n. 17);

— lo sganciamento dell'economia dalla morale, donde l'amoralismo dell'attività economica, che avrebbe come forza propulsatrice l'egoismo, come criterio informatore il principio del minimo impegno di mezzi, come obiettivo l'interesse individuale, come motore la libera concorrenza, in un errato quadro giuridico di negatività dell'intervento statale;

— l'aver sostituito al senso di responsabilità e alla fiducia in un Dio creatore e provvido il mito fuorviante della « mano invisibile » imparziale regolarizzatrice d'ogni situazione;

— l'aver ridotto l'intera vita a un mercato, ove contano unicamente i rapporti di produzione, svalutando e svuotando la naturale funzione della famiglia, eliminando le relazioni e le istituzioni di solidarietà, costringendo tutti all'esasperato individualismo che fa dell'uomo un solitario.

b) Del *socialismo* l'enciclica denuncia:

— l'illusoria pretesa d'aver indovinato la diagnosi del male sociale e d'essere in grado di porgere, nell'abolizione della proprietà privata e nella concentrazione d'ogni iniziativa, decisione e potere nelle mani dello Stato, il toccasana generale (RN, nn. 3-12);

— la visione riduttiva dell'uomo che mortifica riducendolo a pura orizzontalità, togliendogli la dimensione spirituale (verticalità) negandogli l'originalità, il legame alla famiglia, la priorità sullo Stato, il gusto dell'iniziativa economica e del rischio, il senso della responsabilità, il bisogno di solidarietà, e il diritto di associarsi non solo in nome d'interessi materiali ma anche di valori religiosi (n. 40);

— la minimizzazione della famiglia, società piccola, ma vera, ed anteriore ad ogni società civile, e perciò con diritti e obbligazioni indipendenti dallo Stato;

— la riduzione della vita sociale a permanente conflittualità:

« L'errore fondamentale in questa questione è credere che le due classi siano nemiche l'una dell'altra, come se la natura avesse armato i ricchi e i poveri affinché si combattessero vicendevolmente in un duello ostina-

to. È questa una aberrazione e bisogna invece porre la verità in una dottrina opposta.
Perché, come nel corpo umano le membra, nonostante la loro diversità, si accordano insieme e formano un tutto armonico che si chiama simmetria, così, nella società, le due classi sono destinate dalla natura ad unirsi armoniosamente e a mantenersi in un perfetto equilibrio. L'una ha assoluto bisogno dell'altra: non può esserci capitale senza lavoro, né lavoro senza capitale. La concordia fa la bellezza e l'ordine delle cose, mentre un perpetuo conflitto non può dare che confusione e barbarie.
Ora per comporre questo conflitto e per eliminare il male nelle sue stesse radici, le istituzioni cristiane posseggono una forza meravigliosa» (RN, n. 15);

— la smania di eccitare tumulti e sospingere le classi lavoratrici alla violenza, nonché la pretesa d'imbevere della sua unilaterale ideologia le associazioni professionali (n. 40).

5. Tradimento dei cristiani

Chiude la serie delle denunce della RN il «*tradimento*» di quei cristiani che hanno rovesciato la scala dei valori, tollerano la disumanizzazione della vita economico-sociale, chiudono gli occhi sullo sfruttamento di fanciulli e donne, si turano gli orecchi per non sentire il grido che sale al cielo quando il lavoratore viene defraudato della mercede che gli è dovuta per giustizia e pretendono di «coprire col velo dell'elemosina gravi mancanze di giustizia», come commenterà Pio XI quarant'anni più tardi.

II - Rerum Novarum: annuncio di una triplice verità

Tra le funzioni del profeta, l'annuncio è più importante della denuncia: questa non può prescindere da quello che le offre la vera solidità e la forza della motivazione più alta. Al centro della RN troviamo l'*annuncio d'un messaggio propositivo,* volto a precisare la verità sui compiti spettanti alle *tre forze* chiamate a concorrere alla soluzione della questione: il contributo della religione (= dottrina e opera della Chiesa), l'intervento dello Stato e la responsabilizzazione delle associazioni professionali.

1. La religione: nerbo della società con tre virtù-chiave

Per Leone XIII la questione operaia è anzitutto una questione morale. Pensare di risolvere il conflitto unicamente con « armi esterne » è tragica illusione.

Occorre anzitutto e soprattutto conversione delle menti e dei cuori per arrivare a nuove relazioni sociali, tenendo presenti sia che certe differenze e sofferenze sono ineliminabili, sia che le classi sono fatte per collaborare, non per lottare; è proprio in questo contesto che Leone XIII scrive la celebre frase: « né può sussistere capitale senza lavoro, né lavoro senza capitale » (n. 15).

La religione cristiana può recare un contributo determinante, se tutti (padroni e operai) torneranno a praticare sinceramente tre virtù-chiave.

a) *Giustizia*

Pagina veramente rivoluzionaria, quella scritta in proposito dal Papa profeta: destinata a scompigliare un certo schema di gerarchizzazione di virtù che sembrava fatto apposta per acquietare certe coscienze di « cattolici-per-bene »[3].

Eravamo al tempo in cui anche un cattolico come il Théry, professore a Lilla, durante il Congresso di Liegi del 1890 poteva esprimersi così: « Quando voi padroni avete pagato quel salario che è conforme all'uso del luogo, voi avete ottemperato pienamente al vostro dovere di giustizia, né vi si può chiedere qualcosa in più... Ma, mi direte voi, col giusto salario si muore di fame! È possibile: ma Dio non fa mai male le cose: Egli non aveva alcun bisogno di fare la giustizia più completa, perché ha creato la carità che viene a completare la giustizia ». Quindi si tollerava l'ingiustizia in nome della carità. Leone XIII non ammette confusioni e solennemente insegna: la prima esigenza imposta dalla religione è la pratica della giustizia.

[3] È interessante notare che la « riscoperta dei poveri » fatta dalla *Rerum Novarum* non fa scattare la molla della sola carità, bensì quella della giustizia. Ciò che diverrà di meridiana evidenza nella *Quadragesimo anno,* ove Pio XI mette in guardia dall'illusione di voler affidata soltanto alla carità la cura di sovvenire agli indigenti, « come se alla carità corresse l'obbligo di stendere un velo sulla violazione della giustizia » (QA 11).

Può darsi che a taluno la fraseologia usata dal Pontefice suoni paternalistica e vecchiotta; però, se si riscrive la pagina in chiave di diritti, invece che di soli doveri, non si può non concludere che quelle enunciazioni rimangono irreversibili.

« Prima di tutti gli altri doveri, bisogna porre quelli che derivano dalla giustizia.
Tra questi doveri, ecco quelli che riguardano il proletario e l'operaio: prestare interamente e fedelmente l'opera che liberamente e secondo equità fu pattuita; non recar danno alla roba, né offesa alla persona dei padroni; astenersi da atti violenti nella difesa stessa dei propri diritti, né mai trasformare questa difesa in sedizione; fuggire gli uomini malvagi che promettono cose esagerate, senz'altro risultato che inutili pentimenti e perdite rovinose.
Quanto ai ricchi e ai padroni, essi non devono trattare l'operaio da schiavo; devono rispettare in lui la dignità della persona umana, nobilitata dal carattere cristiano. Agli occhi della ragione e della fede, il lavoro non degrada l'uomo, anzi lo nobilita col metterlo in grado di vivere onestamente la vita con la propria opera. Quello che veramente è indegno dell'uomo è di usarlo come vile strumento di guadagno, e di stimarlo solo per quel che valgono le sue energie fisiche. Il cristianesimo, inoltre, prescrive che si tenga conto degli interessi spirituali dell'operaio e del bene della sua anima » (RN, n. 16).

Convinto poi che troppi datori di lavoro, imbevuti d'ideologia liberal-capitalista, facciano fatica a cogliere le esigenze della giustizia o abbiano dimenticato uno dei peccati che gridano vendetta in cielo secondo il piccolo catechismo, Leone XIII scandisce parola per parola:

« Tra i doveri principali del padrone, bisogna mettere al primo posto quello di dare a ciascuno il giusto salario. Il determinarlo secondo giustizia dipende da molte considerazioni: ma in generale si ricordino i capitalisti e i padroni che le leggi umane non permettono di opprimere per proprio vantaggio i bisognosi e gli infelici e speculare sulla miseria del prossimo. Defraudare poi la dovuta mercede è colpa. "Ecco, il salario da voi defraudato ai lavoratori... grida; e le proteste dei mietitori sono giunte alle orecchie del Signore degli eserciti".
Infine è dovere dei ricchi non danneggiare i piccoli risparmi dell'operaio né con violenza, né con frodi, né con usure aperte o nascoste; questo dovere è tanto più rigoroso quanto più l'operaio è debole e indifeso, e quanto più sacrosanta è la sua piccola sostanza » (n. 17).

Non a torto, s'interroga concludendo il Pontefice, l'osservanza di questi precetti non basterebbe da sola a mitigare il conflitto e a sopprimerne le cause?

b) *Amicizia*

Per quanto fondamentale sia la giustizia, il Pontefice è convinto che a rinnovare i rapporti tra padroni e operai possa concorrere, preliminarmente, un'altra virtù tipicamente cristiana, l'amicizia. I commentatori hanno la tendenza a evidenziare, in questo contesto, la carità; la quale, a non averne dubbio, è insistentemente ricordata dall'enciclica soprattutto perché ad esigenze di carità viene ricondotto gran parte del discorso che tocca la devoluzione del superfluo (n. 19).

A noi sembra però importante privilegiare l'insegnamento dell'enciclica sulla necessità di *riscoprire l'amicizia quale virtù-antidoto alla lotta di classe:*

> « La Chiesa, guidata dagli insegnamenti e dall'esempio di Cristo, mira ancora più in alto: e propone un corpo di precetti più completo, perché tende a riavvicinare il più possibile le due classi e a farle amiche » (n. 18).
>
> « Così le distanze, tanto care all'orgoglio, si raccorciano, e non è più difficile ottenere che le due classi, stringendosi la mano, si uniscano in un amichevole accordo » (n. 20).

L'enciclica (e non si può pretenderlo, data la differente impostazione del riferimento biblico) non fa esplicita menzione che l'amicizia cristiana è anche uno di quei « frutti dello Spirito » che, secondo san Paolo, servono a edificare il corpo della Chiesa, (ed anche quello dell'umanità). Ma noi, a cent'anni di distanza, non solo non siamo impediti, ma faremmo bene a valorizzare più e meglio codesto insegnamento sulla fecondità sociopolitica della virtù dell'amicizia.

c) *Fraternità*

È questo il più tipico contributo cristiano. La giustizia e l'amicizia, per sé, le possono praticare anche coloro che non vivono di Gesù Cristo. Per un cristiano, vivere la fraternità significa credere, vivere e testimoniare

> « che tutti gli uomini hanno origine da Dio, Padre comune; che tutti tendono a Dio, fine supremo, il quale soltanto può rendere perfettamente felici gli uomini e gli angeli; che tutti sono stati ugualmente redenti da Gesù Cristo e chiamati alla dignità della figliolanza divina, di modo che sono congiunti con il vincolo di una santa fraternità non solo tra loro, ma con Gesù Cristo, "primogenito tra molti fratelli". Si conoscerà e si sentirà che i beni di natura e di grazia sono patrimonio comune del genere uma-

no, e che senza propria colpa nessuno sarà privato dell'eredità dei beni celesti: perché "se siamo figli, siamo anche eredi: eredi di Dio, coeredi di Cristo" (Rm 8,17) » (RN, n. 21).

La *Rerum Novarum* assegna alla religione un ruolo ispiratore della mentalità, delle coscienze e trasformatore delle volontà, dei cuori e dei costumi; *non spetta alla Chiesa* suggerire soluzioni tecniche per la questione operaia, compito peculiare delle altre due forze: lo Stato con le sue leggi e istituzioni, e i primi interessati (datori di lavoro e lavoratori) con le loro associazioni.

2. Lo Stato: opzione giuridica a favore dei deboli

Tenuto conto delle circostanze in cui Leone XIII affronta il cruciale argomento del diritto/dovere dello Stato ad occuparsi o meno della questione operaia, si deve senz'altro ammettere che le pagine « politiche » della RN sono d'un'audacia inaudita: esse suonano come sfida alla quasi totalità degli uomini politici e degli operatori economici che si professano cattolici, ai pochi docenti d'economia di ispirazione cristiana, a parecchi promotori di riforme sociali richiamantisi sia alle antiche istituzioni corporative, sia ad altre forme professionali che si prefiggono di arginare tanto l'invadenza crescente dello Stato, quanto il dilagare del modello socialista[4].

[4] Il lettore moderno troverà indubbiamente « concilianti » taluni interventi statali suggeriti dall'enciclica, o troppo sottolineati i limiti entro i quali tali interventi sono da contenere. Le formule cautelanti di Leone XIII vanno viste alla luce delle accese discussioni che alla vigilia della *Rerum Novarum* arroventavano ogni incontro o congresso di studiosi cattolici. Max Turmann ha scritto che « l'intervento dello Stato è forse il punto che in materia sociale ha maggiormente diviso i cattolici ». Molti si opponevano all'intervento statale anzitutto per ragioni teoriche (in nome, cioè, della libertà individuale, il cui libero giuoco avrebbe dovuto assicurare nel migliore dei modi il migliore dei mondi), ma specialmente per obiezioni di ordine pratico (si diceva che lo Stato è per lo più nelle mani di un partito, donde la facile parzialità; di fatto, in molti paesi, lo Stato era anti religioso). Ma tutti si rendevano conto della necessità e urgenza di porre certi limiti agli evidenti abusi: così si ingrossavano le file degli interventisti. Si formarono pertanto due scuole: quella di Liegi (gli interventisti) e quella di Angers (i non-interventisti).

La scuola di Liegi andò gradatamente acquistando terreno e si rafforzò nei due Congressi Cattolici internazionali che si tennero in quella città nel 1887 e nel 1890: in quest'ultimo i partigiani dell'intervento si facevano forti di una frase di Leone XIII, rivolta a mons. Langénieux, il 20 settembre 1889, durante l'udienza a un pellegrinaggio operaio francese. Il Papa aveva dichiarato che l'intervento dello Stato, per garantire gli

a) *Concezione dinamica del bene comune*

Due sono le « verità » che Leone XIII richiama allo Stato della fine del sec. XIX, abitualmente arroccato su posizioni di garante dell'ordine costituito.

La prima verità è che lo Stato – lungi dal ritenersi incompetente circa determinati ambiti, senza però pretendere di accentrare in sé ogni prerogativa ed iniziativa – deve assumersi coraggiosamente e svolgere istituzionalmente il ruolo – che gli compete per diritto e dovere – di *promotore e realizzatore del bene comune:*

> « I governanti dunque devono in primo luogo concorrervi (= a risolvere la questione operaia) in maniera generale con tutto il complesso delle leggi e delle istituzioni politiche, ordinando e amministrando lo Stato in modo che ne risulti naturalmente la prosperità sia pubblica che privata. Questo, infatti, è il compito della prudenza civile e il dovere dei governanti. Ora la prosperità delle nazioni deriva specialmente dai buoni costumi, dal buon ordine della famiglia, dall'osservanza della religione e della giustizia, dall'imposizione moderata e dalla distribuzione equa dei pubblici oneri, dal progresso delle industrie e del commercio, dal fiorire dell'agricoltura e da altre cose simili: tutte cose che non si possono promuovere senza promuovere la vita e la felicità dei cittadini. Anche solo per questa via lo Stato può dunque *grandemente concorrere* tanto al benessere delle altre classi, quanto a quello dei proletari; e ciò di suo pieno diritto e senza dar sospetto di ingerenze indebite; perché è *compito proprio dello Stato provvedere al bene comune.* Ma vi è un'altra considerazione che tocca ancora più da vicino la nostra questione: lo Stato è un'armoniosa unità, che abbraccia tutti i suoi membri, grandi e piccoli. I poveri, né più né meno dei ricchi, sono di diritto naturale cittadini, membri veri e viventi di cui si compone, mediante le famiglie, il corpo sociale per non dire che ne sono il maggior numero. Ora, siccome è assurdo provvedere a una parte di cittadini e trascurare l'altra, è *stretto dovere* dello Stato prendersi la dovuta cura del benessere degli operai. Se non lo fa, *viola la stretta giustizia*, la quale vuole che a ciascuno sia dato ciò che gli è dovuto » (RN, nn. 26 e 27).

interessi della classe lavoratrice, era richiesto « dal bene pubblico non meno che dalla giustizia e dal diritto naturale ». Anzi, la scuola di Liegi riconosceva allo Stato « il diritto e il dovere, non solo di proteggere, ma anche di promuovere il bene comune della società ». Queste divisioni testimoniavano la perfetta indipendenza di cui godevano i cattolici nel dibattere una questione tanto importante. Comunque, pubblicata l'enciclica, ognuna delle varie correnti ritenne di vedervi consacrato il proprio punto di vista: infatti, bastava mettere l'accento un po' più forte tanto sui passi della *Rerum Novarum* che chiedevano un deciso intervento, quanto su quelli che limitavano tale intervento a un ruolo secondario e sussidiario, per ritenere di avere il Papa dalla propria parte. Ma quale fosse il vero pensiero di Leone XIII — nel senso, cioè, di un vero e proprio intervento « pianificato » coincidente grosso modo alle idee della scuola di Liegi — lo preciserà senza esitazioni Pio XI con la *Quadragesimo anno* del 1931, ove ricorrono espressioni quali « ardito superamento » e « coraggioso insegnamento ».

b) *Speciale riguardo per i lavoratori*

La seconda verità non è che un'esplicitazione della prima: lo Stato moderno, insegna Leone XIII, è tenuto a fare quella che, con anticipazione solo di linguaggio, chiameremo *scelta preferenziale dei cittadini più deboli e bisognosi d'interventi.*

Se è vero, infatti, che

> « tra i molti e gravi doveri dei governanti solleciti del bene pubblico, primeggia quello di provvedere ugualmente ad ogni ordine di cittadini, osservando con inviolabile imparzialità la giustizia cosiddetta distributiva » (n. 27),

è altrettanto vero che lo Stato

> « deve avere un riguardo speciale ai deboli e ai poveri. La classe dei ricchi forte per se stessa, abbisogna meno della pubblica difesa; la classe proletaria, che manca di sostegno proprio, ha speciale necessità di cercarla nella protezione dello Stato. Perciò agli operai, che sono nel numero dei deboli e bisognosi, lo Stato deve di preferenza rivolgere le sue cure e le sue provvidenze » (n. 29).

c) *Sei campi d'intervento*

Rivelatore di detta « scelta preferenziale » è l'elenco dei sei precisi interventi legislativi e amministrativi che la *Rerum Novarum* chiede allo Stato di compiere senza indugio:

1. difendere il diritto di proprietà (n. 30), non certo a solo vantaggio dei capitalisti, ma a favore di tutti, in primo luogo dei lavoratori e delle loro famiglie, perché si tratta di garantire quella parte di salario che essi avranno cercato di trasformare in proprietà (cfr. n. 38), e di impedire dissennate distruzioni di impianti industriali;

2. prevenire gli scioperi (n. 31), più che reprimerli con la forza, mediante l'autorità delle leggi. Se si volesse indagare perché vengono scatenati, si vedrebbe che gli scioperi sono causati o da ragioni economiche (« il salario inadeguato ») o da ragioni sociali (« il lavoro troppo lungo e gravoso », *ib.*); lo Stato dovrà, quindi, legiferare in modo da incidere sia sulla situazione economica, sia per migliorare le condizioni dei lavoratori;

3. reintrodurre, per legge, il riposo festivo, la cui scomparsa – conseguenza della concorrenza sleale e della laicizzazione –

va bollata come un'autentica aberrazione regalataci dalla rivoluzione industriale (n. 32);

4. emanare precise disposizioni sulle condizioni di lavoro dei fanciulli, delle donne e di certe categorie di mestieri pesanti e rischiosi (n. 34);

5. garantire il minimo salario giusto (qui la *Rerum Novarum* affondava il dito in una piaga, scatenando una violenta reazione anche tra i padroni cattolici, cfr. 36 e s.);

6. lo Stato deve emanare leggi atte a favorire il *risparmio* e la diffusione della proprietà tra i lavoratori, a non costringere all'emigrazione, né a impedirla, a prelevare imposte secondo giustizia distributiva (cfr. nn. 27 e 38).

La regola generale dell'intervento dello Stato sarà sempre quella della sussidiarietà: esso non deve assorbire in sé il cittadino e la famiglia (n. 28); ne deve ammettere, sostenere, potenziare, prolungare il diritto di iniziativa (n. 29)[5].

3. Responsabilizzazione delle associazioni professionali

La terza forza da cui Leone XIII si attende un valido contributo alla soluzione della questione operaia è la *collaborazione e la responsabilizzazione dei più direttamente interessati,* i datori di lavoro e i lavoratori.

> « Infine, alla soluzione della questione operaia possono contribuire molto i capitalisti e gli stessi operai con istituzioni adatte a prestare opportuni soccorsi ai bisognosi e ad avvicinare e unire le due classi tra loro. Tali sono le società di mutuo soccorso; le molteplici assicurazioni private, destinate a provvedere all'operaio, alla vedova, ai figli orfani, nei casi di infortuni improvvisi, di infermità, o di altri incidenti; i patronati per i fanciulli di ambo i sessi, per la gioventù e per gli adulti. Ma il primo posto l'hanno le associazioni operaie che nel loro complesso contengono quasi tutte le altre opere » (RN, n. 36).

[5] La parola *sussidiarietà* non appare nella *Rerum Novarum;* anzi, al suo posto, s'incontra il termine piuttosto negativo di *limite.* Il lettore odierno, tuttavia, illuminato dall'insegnamento che al riguardo ci ha dato Pio XI nella *Quadrigesimo anno,* non faticherà a cogliere già embrionalmente nella RN il risvolto positivo della sussidiarietà: non è solo una delimitazione di sfere di non-intervento, di zone « riservate », bensì un invito sia allo Stato a « farsi carico » di una promozione umana, sia a sindacati, gruppi e singoli ad esercitare la corresponsabilità.

Le pagine che l'enciclica dedica all'argomento sono interessanti sia per quel che tacciono, sia per quel che affermano.

a) *Nessuna nostalgia delle corporazioni*

Contrariamente alle attese e anticipazioni di certi ambienti (tra cui primeggiavano quelli austriaci con il barone Karl von Vogelsang e quelli francesi con il marchese René de la Tour du Pin), Leone XIII *non* auspica la *restaurazione* delle antiche *corporazioni*. Il vecchio Papa si limita a tributar loro un dovuto omaggio; ma, giovanile nello spirito e profetico nell'antiveggenza, non nasconde la propria convinzione che l'oggi e il domani esigono nuovi istituti.

« I nostri antenati sperimentarono per lungo tempo la benefica influenza di tali corporazioni; perché, mentre gli artigiani vi trovavano vantaggi inestimabili, le arti, come attestano i monumenti in gran numero, ne ebbero onore e perfezionamento. Oggi le generazioni sono più progredite, i costumi più raffinati, le esigenze della vita quotidiana più numerose; e perciò non c'è dubbio che bisogna adattare le corporazioni alle nuove condizioni » (RN, n. 36).

b) *Compiacimento per il fiorire dei sindacati operai*

E qui comincia il discorso positivo, non poco sorprendente per determinati ambienti. Leone XIII esprime a tutte lettere il proprio compiacimento non solo per l'affermarsi di nuove forme d'associazioni professionali raggruppanti insieme operai e padroni, ma specialmente per lo spuntare e il fiorire – ecco una novità promettente! – di *sindacati di soli* lavoratori.

« Vediamo con piacere formarsi dovunque simili associazioni, sia di soli operai, sia miste, che riuniscono insieme operai e padroni; ed è desiderabile che crescano di numero e di operosità » (RN, n. 36).

Accanto ai sindacati operai, precisa l'enciclica, è bene che ci siano anche associazioni padronali, e che tra le due associazioni si promuovano intese feconde (n. 40).

c) *Duplice libertà d'associazione*

Due altre verità affermate nel presente contesto dalla *Rerum Novarum* si sono incise nelle tavole bronzee della storia sociale dell'umanità.

La prima è la solenne, inequivocabile proclamazione del diritto naturale di associazione, di cui il diritto di dar vita a un sindacato non è che una manifestazione: diritto naturale significa universale, inviolabile, indeclinabile.

« Sebbene queste associazioni private esistano dentro lo Stato, e ne siano come tante parti, tuttavia in generale, e assolutamente parlando, lo Stato non può proibirne la formazione. Perché il diritto di unirsi in società l'uomo l'ha dalla natura; e lo Stato deve tutelare, non distruggere i diritti naturali. Se lo Stato proibisse tali associazioni, contraddirebbe a se stesso, perché tutte le società pubbliche e private derivano dallo stesso principio, la naturale socialità dell'uomo » (n. 38).

Ma non meno inequivocabile la seconda affermazione: l'essere umano ha diritto a organizzarsi liberamente, secondo le proprie convinzioni (anche religiose), e ad amministrare in modo autonomo proprie associazioni (cfr. 40 e 44; 45, 46 e 49). Si badi bene: questo secondo aspetto della libertà sindacale costituisce la garanzia del rispetto del primo. Se l'ordinamento statale mi attribuisce il diritto d'associazione, ma poi mi obbliga a iscrivermi all'unico sindacato esistente o mi vieta la facoltà di creare altra associazione, se ne deve concludere una pratica impossibilità d'attuazione d'una libertà simultaneamente riconosciuta e negata.

L'enciclica è invece chiarissima su codesta « duplice libertà sindacale »: essa afferma il diritto/dovere di lavoratori cristiani a dar vita a un proprio distinto sindacato nel caso di violazione delle convinzioni (religiose) e delle aspirazioni (democratiche) degli aderenti a un sindacato « monopolizzatore ».

« Ma è opinione confermata da numerosi indizi che ci sono associazioni operaie le quali obbediscono a una parola d'ordine contraria allo spirito cristiano e al bene pubblico; che, avendo il monopolio dei posti di lavoro, se ci sono operai che si rifiutano di entrare a farne parte, fanno pagar caro il loro rifiuto. In questo stato di cose, gli operai cristiani non hanno che da scegliere tra due alternative: o iscriversi a questa associazioni pericolose alla religione, o fondarne di proprie e unire così le loro forze per sottrarsi coraggiosamente a un'oppressione così ingiusta e intollerabile. Ora, chi può esitare sulla scelta di quest'ultima soluzione, se non si vuole mettere in pericolo il bene sommo dell'uomo? » (n. 40).

Il Pontefice non tralascia d'incoraggiare e benedire i promotori e sostenitori di associazioni operaie cristiane: i cristiani, infatti, devono sempre essere in prima fila (n. 41).

d) *Atteggiamento positivo dello Stato*

Importante, infine, la parola pronunciata dall'enciclica a proposito dell'atteggiamento dello Stato nei confronti delle associazioni professionali, dei sindacati in particolare.

Trattandosi di un diritto naturale, è chiaro che lo Stato non può vietare o abolire le associazioni professionali (come aveva fatto nel 1791 il decreto Le Chapelier in Francia); non può nemmeno limitarsi a tollerarne l'esistenza e il funzionamento (com'era stato il caso in vari Paesi nel corso del XIX sec.). Esso deve riconoscerli, rispettarli, conservarli, proteggerli, difenderli e facilitarne il compito; le potrà vietare solo se sovversive (nn. 42-44).

e) *Sussidiarietà dinamica*

Le associazioni professionali contribuiscono altamente alla soluzione della questione operaia se possono liberamente fiorire (nn. 44 e s.) e se sono saviamente organizzate (n. 46), in modo da raggiungere lo scopo loro assegnato, quello di creare efficaci strutture di mutualità (nn. 40 e 47). Come già rilevato, infatti, tutto il settore che oggi fa parte della « sicurezza sociale » Leone XIII non lo affida allo Stato, ma lo lascia alle associazioni professionali, covinto che la solidarietà non si impone attraverso leggi (« limitandosi lo Stato ad aggiungervi, quando il caso lo richiede, tutela ed appoggio », n. 37)[6].

Da tutto questo emerge una visione dinamica dell'esercizio della sussidiarietà « dal basso », cioè nell'assunzione di iniziative responsabili da parte dei primi interessanti.

[6] Il discorso su quella che noi oggi chiamiamo « sicurezza sociale » non è ancora maturo, nel 1891, per venire spostato dall'ambito della mutualità a quello della giustizia e, conseguentemente, a quello delle leggi statali. Tuttavia la *Rerum Novarum* collega in maniera eloquente ed esigenti due valori valori che avevano bisogno di essere evidenziati e tutelati: il diritto naturale di associazione per la difesa dei diritti (nn. 40-44), e il « diritto » dei lavoratori-cittadini a strutture (= qualcosa di organico, ordinato, fisso, « giuridicamente garantito ») di previdenza — per orfani, vedove, disoccupati, infortunati, vecchi... — fino a quel tempo abbandonate alla precarietà della mutualità. La *Rerum Novarum* è profondamente « profetica » in proposito (nn. 48-49).

III - Rerum Novarum:
presagio di futuri sviluppi

Volgendoci ora a considerare la *Rerum Novarum* a cent'anni di distanza, non si può non rimanere colpiti dalla sua capacità d'anticipazione di non pochi tratti caratteristici della presente epoca. Il lettore vorrà trovar qui di seguito alcuni semplici spunti.

1. Rerum Novarum: embrionale « Carta dei diritti socio-economici » della persona

Nel contesto culturale in cui venne redatte la RN, l'idea stessa d'una « Carta dei diritti sociali, economici e culturali della persona » sarebbe apparsa alquanto peregrina: basti, del resto, il raffronto tra le definizioni di bene comune presentate dall'enciclica leoniana e dalle due encicliche di Giovanni XXIII, o, in questi stessi documenti, la graduale esplicitazione del compito assegnato allo Stato. Secondo la RN, compito proprio dello Stato è provvedere al bene comune in modo che ne risulti la prosperità sia pubblica che privata; secondo la *Pacem in terris,* nell'epoca moderna l'attuazione del bene comune trova la sua indicazione di fondo nei diritti e nei doveri della persona: per cui i compiti precipui dei poteri pubblici consistono nel riconoscere, rispettare, armonizzare, difendere e promuovere i diritti dei cittadini, e nell'agevolare ad essi il compimento dei rispettivi doveri.

Chi volesse divertirsi a riscrivere l'enciclica di Leone XIII con i clichés contemporanei, avrebbe la sorpresa di ricavarne una sia pur embrionale, ma irrefragabile « Carta sociale universale » ante-litteram. Essa potrebbe comprendere i seguenti articoli:

1. diritto al rispetto della propria dignità (nn. 16 e 31);
2. diritto alla libera scelta del proprio stato di vita (n. 9);
3. diritto alla famiglia (n. 10);
4. diritto al bene comune organizzato (nn. 26 e 27);
5. diritto dei lavoratori a uno speciale riguardo (n. 29);
6. diritto alla proprietà privata (n. 30);

7. diritto al riposo: festivo, differenziato per sesso, età, professione (nn. 31 e 32);
8. diritto al lavoro (n. 47);
9. diritto a condizioni umane di lavoro (nn. 34 e 35);
10. diritto al giusto salario (nn. 36 e 37);
11. diritto allo sciopero (n. 31);
12. diritto al risparmio (n. 38);
13. diritto a non emigrare e ad emigrare (n. 39);
14. diritto ad un'equa fiscalità (*ib.*);
15. diritto alla sicurezza sociale (nn. 40 e 47);
16. diritto alla libertà sindacale (nn. 41 e 47);
17. diritto a creare e gestire autonomamente sindacati di diversa ispirazione (n. 46);
18. diritto alla collaborazione, al di là della lotta di classe (nn. 16 e 21).

2. Dalla conflittualità alla partecipazione

La nostra epoca si caratterizza per il crollo dei miti e il tramonto delle ideologie. Alcune – come già rilevava nel 1961 l'enciclica *Mater et Magistra* – si sono disciolte, come nebbia al sole; altre hanno subìto revisioni sostanziali ed altre hanno attenuato di molto e vanno perdendo la loro attrattiva sull'animo degli uomini.

Non v'è dubbio che la *Rerum Novarum* ha non poco contribuito alla trasformazione di due tra le principali ideologie, il liberalismo capitalista e il socialismo. Essa infatti, risvegliando la cristianità assopita, ha dato impulso a quelle forze storiche che hanno conferito al liberalismo una carica sociale che lo fa gravitare verso un uomo che vive in un contesto sociale che gli è naturale e necessario come l'aria che respira – e han fatto buttare a mare, al socialismo, la zavorra di sue tipiche visioni utopistiche.

Prendiamo ad esempio il capitolo della *Rerum Novarum* che auspica la collaborazione tra le classi, in nome del Vangelo di Cristo opposto al « vangelo dell'odio di classe » bandito dal marxismo (n. 18). Il rimedio agli innegabili e immancabili antagonismi, insegnava il Papa, non sta nel cercare di abolire una classe (i capitalisti) o nel ridurre tutto al solo lavoro (poiché non si dà lavoro senza capitale, come non si dà capitale senza lavoro), bensì nel cercare una collaborazione nel segno della giustizia e della fraternità.

Durante gli anni Cinquanta abbiamo assistito alla riforma dei programmi dei partiti e dei movimenti operai socialisti, nel senso di accettare la collaborazione tra le classi. Migliore riprova della lungimiranza di Leone XIII non si poteva avere: pazienza, infatti, se si fosse unicamente trattato di una tacita ammissione del mutamento di atteggiamento da parte del socialismo; ma vi furono esplicite dichiarazioni di ripudio di tale dottrina, metodo e mezzi da parte dei marxisti e dei socialisti![7].

L'esempio tipico e ormai classico di collaborazione delle classi nel segno della giustizia è offerto dai contratti collettivi di lavoro, formula tipicamente cristiana moderna di mutua imposizione di obblighi e diritti tra le due classi interessate. Ora, il contratto collettivo di lavoro è una di quelle strutture o istituzioni sociali indispensabili – come insegnava Pio XI nella *Divini Redemptoris* n. 57, – all'osservanza della giustizia: tanto da parte dei datori di lavoro tra di essi, quanto di questi nei confronti dei prestatori d'opera.

Certo, siamo ancora ben lungi dalla vera collaborazione tra le classi: incerti e rudimentali, si può dire, sono ancora i tentativi di associazione tra capitale e lavoro nel senso di cogestione, di partecipazione agli utili, di coordinamento della politica di produzione e di ripartizione, come auspica Giovanni Paolo II (cfr. *Laborem exercens,* n. 14). Ma il fatto che vi si tenda, e da parte di tutti (anche dei socialisti) è la riprova che la storia cammina in quella direzione.

3. Il lavoro al di sopra del capitale

« Un passo innanzi nell'incivilimento umano »: tale viene considerato dalla *Mater et Magistra* di Giovanni XXIII (n. 112) il riaffiorare, nell'etica contemporanea, del carattere preminente del lavoro quale espressione immediata della persona nei confronti del capitale, bene di sua natura strumentale. Se la priori-

[7] Cfr. 1959, Bad Godesberg, i socialdemocratici tedeschi espungono dal nuovo programma ogni riferimento al marxismo.

tà del lavoro sul capitale non solo viene sempre più generalmente avvertita, ma va diventando persuasione sempre più incisivamente operante, non piccolo merito spetta alla *Rerum Novarum* che nel lavoro (sfidando gli oracoli dell'economia classica) additava la vera sorgente della ricchezza delle nazioni (n. 27), e del lavoro esaltava la dignità, la personalità, la vocazione assimilatrice a Dio (in ciò anticipando di quasi un secolo l'elogio della *Laborem exercens* [n. 16]).

Anche la lapidaria affermazione di Leone XIII – « né il capitale può stare senza il lavoro, né il lavoro senza il capitale » (n. 15) – non è rimasta lettera morta. Operare arditamente per spezzare i costrittivi vincoli del puro salariato, immaginare nuove forme di rimunerazione del lavoro, associando gradatamente i lavoratori alla proprietà stessa delle imprese[8], avviarsi, come arditamente auspica la *Laborem exercens* (n. 14), a una vera « socializzazione della proprietà » ove ognuno si senta assiso in attitudine responsabile al grande banco del lavoro », tutto questo son venuti suggerendo i successivi Papi nel solco della direttiva leoniana.

Ma anche l'altra riscoperta caratteristica del nostro tempo, la riscoperta della dimensione giuridica del lavoro – il diritto di lavoro – affonda le sue radici nella *Rerum Novarum,* come ben rilevò già Pio XI nella *Quadragesimo anno,* e ribadì Paolo VI nel corso della sua visita alla sede dell'Organizzazione Internazionale del Lavoro (Ginevra, 10.6.1969).

4. L'ipoteca sociale sulla proprietà privata

Quasi profeticamente, sulle soglie del suo lungo pontificato, il 1 novembre 1939, nell'enciclica *Sertum laetitiae,* Pio XII aveva solennemente riaffermato – ricavandolo dal tesoro della tradizione della Chiesa – il fondamentale principio della destinazione universale dei beni, riproposto come pietra angolare dei rapporti di giustizia e di fraternità dell'intera famiglia umana: « Dio ha destinato la terra e tutto quello che essa contiene al-

[8] « È necessario dunque con tutte le forze procurare che in avvenire il reddito ricavato non si accumuli se non con equa proporzione presso chi mette i capitali e si distribuisca con una certa ampiezza tra i prestatori d'opera », Pio XI, *Quadragesimo anno*, n. 62.

l'uso di tutti gli uomini e di tutti i popoli: pertanto i beni creati debbono secondo un equo criterio essere partecipati a tutti, secondo la regola della giustizia che è inseparabile dalla carità ».

Operare efficacemente all'affermazione di tale inderogabile esigenza – senza la quale continueranno a scavarsi abissi tra individui, classi, popoli e continenti, aumentando i pericoli di conflitti – è dovere quotidiano del laico cristiano.

L'hanno ribadito il Concilio Vaticano II (nella Costituzione pastorale *Gaudium et spes*, n. 69), Paolo VI (che nell'enciclica *Populorum progressio*, nn. 22-24, ne fa il perno di tutto l'insegnamento della Chiesa circa l'uso e la proprietà dei beni) e Giovanni Paolo II (che nella *Sollicitudo rei socialis* ne fa uno dei capisaldi del nuovo rapporto Chiesa-mondo). Ma se il principio della destinazione universale dei beni è venuto assumendo tale e tanta importanza nel magistero pontificio degli ultimi cinquant'anni, la vera ragione va ravvisata nel fatto che, cento anni fa, nel difendere la proprietà privata dallo sconsiderato attacco del socialismo, Leone XIII aveva additato nel diritto naturale di proprietà privata una specifica attuazione (precisamente mediante il lavoro e i suoi frutti) dell'aver Dio dato la terra a uso e godimento di tutto il genere umano (n. 7)[9].

[9] Merita rilevare « l'ubicazione », nella *Rerum Novarum*, della presentazione degli elementi fondamentali concernenti la proprietà privata: il contesto è quello della reiezione del socialismo, autopresentantesi quale « rimedio radicale » mediante l'abolizione della proprietà privata. Più che attardarsi in parole di confutazione, l'enciclica predice lo scacco del socialismo che pretende d'andar contro netura, diffondendosi a illustrare i quattro argomenti, dai quali si evince che il diritto di proprietà e alla proprietà privata è diritto naturale, in quanto:

a) è esigenza della persone, intelligente, libera, responsabile: « provvidenza a se stessa » (nn. 4 e 5);

b) è esigenza del lavoro, il quale trasforma il capitale: il frutto di tale trasformazione appartiene anche a chi lavora; donde il triplice suggello del consenso comune, delle leggi umane e delle leggi divine (nn. 7 e 8);

c) è esigenza della famiglia: il lavoratore ha un diritto naturale ad essa, come pure il dovere di mantenere la prole e di assicurarle l'avvenire anche mediante una qualche proprietà (nn. 9 e 38);

d) è esigenza della vita sociale (n. 12).

Il contesto (la negazione socialista di un diritto naturale) fa nascere l'impressione che sia lasciata in secondo piano la destinazione universale dei beni, che Leone XIII sa perfettamente essere fondamentale (lo ricorda esplicitamente al n. 7), mentre sono chiaramente insegnate sia la dimensione sociale della proprietà (n. 19), sia la necessità della sua diffusione (= diritto alla proprietà, di cui cfr. il n. 39), sia l'inviolabilità del diritto (cfr. *ib.*).

5. «Justitia elevat gentes»

Nella *Rerum Novarum* c'è un esplicito richiamo a quella «giustizia naturale, anteriore e superiore alla libera volontà dei contraenti» (n. 37), che sta alla base di tutta un'evoluzione che par quasi una rivoluzione.

La storia di questi cento anni offre la riprova che *l'osservanza della giustizia è fonte di ricchezza, di progresso, di benessere generale.*

Le nazioni che si sono sviluppate in maniera quasi prodigiosa sono quelle in cui si è cominciato a realizzare a fondo la giustizia sociale: là dove si sono aumentati in maniera rilevante i salari, dove si sono create condizioni più umane per i lavoratori, ivi è affluita la ricchezza. Davvero «justitia elevat gentes!».

Il capitalismo liberale temeva che l'osservanza della giustizia avrebbe ridotto i margini di guadagno e le possibilità di sviluppo: quale clamorosa smentita!

Ma anche il materialismo marxista riceve qui la sua confutazione storica: infatti la condanna morale data dal Papa ha rivelato non solo un interesse spirituale, bensì anche economico e politico: poiché se c'è ora un principio evidente è proprio che il rispetto di una norma cristiana di giustizia, il richiamo a un fine superiore, esercita un'influenza sulla stessa produzione: l'economia, da utilitarista, diventa creazione di servizi a favore dell'uomo. Saranno i bisogni dell'uomo a dettare la legge del progresso: ed è perciò che il progresso economico e sociale non avrà mai fine, come afferma un'ispirata pagina della *Pacem in terris* (n. 55).

6. Verso l'economia del dono

Il secolo trascorso dalla emanazione della prima enciclica ha dimostrato che certe forme di progresso dipendono dalle idee e dalle direttive spirituali cristiane: ad esempio l'impulso maggiore a studiare nuove formule di rimunerazione (al di là del sistema del salariato) o migliori previdenze per la famiglia sono proprio venuti a seguito delle encicliche *Rerum Novarum* e *Quadragesimo anno*.

Si può quindi formulare la seguente tesi: servendo l'etica, promuovendo la giustizia sociale, mettendo l'uomo con le sue alte finalità al centro dell'economia si serve il progresso economico. La dimostrazione della tesi è fornita tanto dalla storia delle dottrine economiche moderne, per le quali il sociale è diventato una componente essenziale dell'economico, quanto dalla storia dei fatti, dai quali emerge che non solo il sociale non è di ostacolo all'economico, ma che il sociale deve costituire la meta cui le nazioni devono tendere se vogliono evitare la stagnazione economica. Alla dimostrazione dei fatti si sovrappone la conferma desunta dalle leggi economiche, dalla psicologia e dalla filosofia, sicché si ha l'impressione di trovarsi di fronte a una rivoluzione in atto nel campo della dottrina non meno che in quello della pratica: la rivoluzione della cosiddetta « economia del dono »: « Quella che era un'eresia per l'economia classica, il credito e prestito gratuito, ha ceduto il posto ad un'altra follia, l'economia del grazioso, del dono: ed ecco, dopo il piano Marshall ed il IV punto di Truman, che il sociale nella sua forma estrema di dono si rivela come motore della ripresa economica internazionale. Così la giustizia sociale si eleva dai rapporti di classe a quelli fra i popoli ed il soddisfare alla stessa appare imperiosamente necessario per l'equilibrio stesso delle economie progredite, per mantenerle lontane dalle tentazioni dei riarmi e delle guerre »[10].

7. Nuovo fulgore su tre volti offuscati

Infine, la RN è stata un'enciclica profetica perché ci ha aiutati a rimettere in luce tre volti che erano scomparsi nella penombra se non proprio nell'oscurità.

— *Il volto dell'uomo,* in primo luogo, cioè la dignità che va riconosciuta a ogni essere umano. Il lettore smagato della nostra epoca secolarizzata aggrotta istintivamente le ciglia al sentir Leone XIII domandare allo Stato che uno dei suoi primi interventi di legislazione sociale sia il ripristino del riposo festivo.

Il Papa non pretendeva certo che lo Stato obbligasse la gente ad andare a messa; egli auspicava soltanto che i lavoratori potessero non solo riposarsi fisicamente (ciò che, nel vortice della

[10] Luigi Del-Pietro, *Progresso sociale e progresso economico,* Lugano, 1954, p. 6.

concorrenza sfrenata, era praticamente impossibile) ma – se lo volevano – anche andare in chiesa. In chiesa, infatti – pensava il Papa-profeta – il proletario ascoltando la parola verace di Dio avrebbe contemporaneamente riscoperto la propria dignità, la propria grandezza, la propria libertà.

« Lo spirito è quello che porta scolpita in sé l'immagine e la somiglianza divina; in esso risiede quella sovranità di cui fu investito l'uomo, quando ricevette l'ordine di assoggettare la natura inferiore e di mettere al proprio servizio le terre e i mari: "Riempite la terra; soggiogatela e dominate sui pesci del mare e sugli uccelli del cielo e su ogni essere vivente che si muove sulla terra". Da questo punto di vista tutti gli uomini sono uguali; nessuna differenza tra ricchi e poveri, tra padroni e servi, tra principi e sudditi: perché lo stesso è "il Signore di tutti". A nessuno è lecito violare impunemente la dignità dell'uomo, di cui Dio stesso dispone *con grande rispetto,* né arrestare la marcia dell'uomo verso questa perfezione che è ordinata all'acquisto della vita eterna » (n. 32).

Uscendo di chiesa, padroni e operai non potevano non portare scolpito nella coscienza quel grido: *« A nessuno è lecito violare impunemente la dignità dell'uomo ».* Quel grido li avrebbe accompagnati, l'indomani, sul lavoro. Quel grido, a poco a poco, lungo i decenni si sarebbe trasformato in paragrafi di leggi d'una politica sociale ed economica che al proprio centro non avrebbe più posto il fantomatico *homo oeconomicus* caro ai dottrinari del XVIII e XIX sec., bensì l'uomo concreto, l'uomo-membro-del-proletariato, l'uomo-capo famiglia, l'uomo che vuol partecipare.

Veramente profetico, cent'anni fa, il grido di Leone XIII « *Nemini licet!* ». A nessuno è lecito sfigurare il volto dell'uomo e porta scolpita in fronte la propria dignità regale!

– In secondo luogo, la *Rerum Novarum* ci ha aiutati a riscoprire *il volto di Dio.* I deisti, con a capo Voltaire, ci presentavano il « Dio-orologio », che dopo aver creato l'universo e avendo caricato la molla, se ne sta impassibile lassù, lontano e a guardare dal suo sidereo soglio, le mani al sen conserte; i romantici, con a capo Chateaubriand mostrano un Dio che si commuove se noi distribuiamo qualche elemosina; per i marxisti Dio addirittura non esiste, o meglio, se si vuole affermare l'uomo occorre sopprimere Dio.

Il Dio che Leone XIII presenta al mondo del lavoro è il Dio della Bibbia, il Dio di Gesù Cristo, è un *« Dio interventista »* a favore dell'uomo, perché dire che *Dio è amore* (come ci ha insegnato il discepolo prediletto di Gesù, san Giovanni) è la stessa cosa che dire « Dio ama la giustizia » (come già ci aveva assicurato, secoli prima, il profeta Michea).

– Essendo stata, sia pure « ante litteram » una « scelta preferenziale dei poveri », la *Rerum Novarum* ci ha aiutato, infine, a riscoprire *il volto materno della Chiesa,* « che è la Chiesa di tutti, ma anzitutto dei poveri », come amava affermare Papa Giovanni XXIII. Se nell'enciclica *Sollicitudo rei socialis* Giovanni Paolo II, facendosi voce dei nuovi poveri (di cui si era già fatto interprete fra i campesinos di Medellin Paolo VI), pone quella scelta preferenziale alla base della nuova evangelizzazione, e perché cento anni or sono, con un gesto inatteso e provocatorio – profetico, appunto – Leone XIII, quasi ripetendo la scena del Maestro in Palestina, aveva preso un proletario, l'aveva collocato in mezzo alla Chiesa e all'intera umanità esclamando: questo proletario è un uomo, una persona libera e responsabile, dotata di diritti e di doveri; ed è figlio di Dio e vostro fratello. La sua dignità è la cosa più sacra che esiste nell'universo. Non dimenticatelo!

LEONE XIII
«RERUM NOVARUM»
La questione operaia, 15 maggio 1891*

LETTERA ENCICLICA
DI SUA SANTITÀ LEONE XIII

Ai venerabili Fratelli patriarchi, primati, arcivescovi e vescovi del mondo cattolico aventi grazia e comunione con la Sede Apostolica.

Venerabili Fratelli, salute e apostolica benedizione.

Sulla condizione dei lavoratori

1. *Mutamento delle relazioni tra padroni e operai*

La sete di novità che, da tanto tempo, ha cominciato ad agitare i popoli, doveva naturalmente passare dal campo politico nel campo vicino dell'economia sociale. Infatti i portentosi progressi dell'industria, i nuovi metodi di lavoro, le mutate relazioni tra padroni e operai, l'afflusso della ricchezza nelle mani di un piccolo numero, accanto alla miseria della moltitudine, la coscienza delle proprie forze diventata più viva nei lavoratori e l'unione tra loro diventata più stretta, questo insieme di cose, senza parlare del peggioramento dei costumi, ha fatto scoppiare il conflitto. Dovunque gli spiriti sono in trepidazione, e ciò basta da solo a far capire che gravi interessi sono impegnati. Questa situazione preoccupa ed affatica l'ingegno dei dotti,

* Il presente testo italiano dell'Enciclica pubblicato in *Enciclica « Rerum Novarum » di Leone XIII sulla questione operaia, 15 maggio 1891,* è stato tradotto dal prof. don Celestino Melzi, Acli, Milano 1961.

i congressi dei saggi, le assemblee popolari, le deliberazioni dei legislatori, i consigli dei prìncipi e non c'è questione che oggi interessi di più al mondo.

Ecco perché, venerabili Fratelli, ciò che, per il bene della Chiesa e per la salvezza comune degli uomini, abbiamo fatto altre volte con le Nostre lettere encicliche sui poteri pubblici, la libertà umana, la costituzione cristiana degli Stati, e altri argomenti simili che Ci parvero opportuni per confutare errori funesti, crediamo di dover fare adesso, per i medesimi motivi, sulla *Questione operaia*. Questo argomento, quando ci fu data occasione, lo affrontammo già più di una volta, ma la coscienza del Nostro apostolico ministero Ci muove a trattarlo ora di proposito e compiutamente, allo scopo di mettere in rilievo i princìpi con cui, secondo giustizia ed equità, risolvere la questione.

La questione è difficile e pericolosa. Difficile, perché è arduo segnare i confini precisi tra i diritti e i doveri che devono regolare i rapporti tra proprietari e proletari, tra datori di lavoro e lavoratori. Pericolosa, perché, troppo spesso, uomini turbolenti e astuti fanno di tutto per snaturarne il senso e ne approfittano per eccitare le moltitudine e fomentare disordini.

2. *Immeritata situazione di miseria del proletariato*

Comunque sia, Noi siamo persuasi, e con ciò tutti sono d'accordo, che sia necessario venire senza indugio con opportuni provvedimenti in aiuto dei proletari, che per la maggior parte si trovano indegnamente in condizioni di immeritata miseria. Il secolo scorso ha distrutto, senza nulla sostituirvi, le corporazioni antiche, che erano per essi una protezione; nel medesimo tempo le istituzioni e le leggi si allontanavano dallo spirito cristiano, e così, a poco a poco, i lavoratori isolati e senza difesa sono finiti in balìa di padroni inumani e di una sfrenata concorrenza. Ad aggravare il male si è aggiunta una usura divoratrice. Condannata più volte dalla Chiesa, essa continua ad essere praticata, sotto altro colore, da uomini avidi di guadagno, di una insaziabile cupidigia. A tutto questo bisogna aggiungere il monopolio della produzione e del commercio, tanto che un piccolissimo numero di straricchi hanno imposto alla infinita moltitudine dei proletari un giogo quasi schiavistico.

I - Confutazione della tesi socialista dell'abolizione della proprietà privata

3. *La tesi socialista. I suoi torti*

I socialisti, per guarire questo male, attizzano nei poveri l'odio contro i ricchi, e sostengono che ogni proprietà di beni privati debba essere abolita, che i beni dei singoli debbano essere comuni a tutti e che la loro amministrazione appartenga al Municipio e allo Stato. Con questa trasformazione della proprietà da personale in collettiva, e con l'uguale distribuzione degli utili e degli agi tra i cittadini, credono che il male sia radicalmente eliminato.

Ma simile teoria, ben lontana dall'essere capace di mettere fine al conflitto, è dannosa agli stessi operai, e poi è assolutamente ingiusta, perché viola i legittimi diritti dei proprietari, snatura le funzioni dello Stato e scompagina tutto l'ordine sociale.

4. *La tesi socialista toglie all'operaio la speranza di accrescere il proprio patrimonio*

E infatti, come è facile a comprendersi, lo scopo del lavoro, il fine immediato che si propone chi lavora, è la proprietà privata, e se egli impiega le sue forze e la sua industria a vantaggio degli altri, lo fa per procurarsi il necessario alla vita; e si attende dal suo lavoro non solo il diritto al salario, ma anche un diritto stretto e rigoroso di usarne come a lui sembra meglio.

Se quindi, riducendo le sue spese, è riuscito a fare risparmi, e se, per meglio assicurarli, li ha per esempio investiti in un campo, questo campo non è che il salario trasformato: il fondo così acquistato sarà proprietà sua, né più né meno che la stessa mercede. Ora appunto in questo, come ognuno sa, consiste la proprietà, sia mobiliare sia immobiliare.

Così, questo cambiamento della proprietà privata in proprietà collettiva, tanto decantato dai socialisti, non avrebbe altro risultato che quello di rendere la situazione degli operai più precaria, togliendo loro la libera disposizione del loro salario e togliendo loro in questo modo ogni speranza e ogni possibilità di aumentare il loro patrimonio e di migliorare la loro condizione.

5. *L'uomo ha un diritto naturale di proprietà privata*

Ma, e questo è ancora più grave, il rimedio proposto è in evidente opposizione con la giustizia, perché la proprietà privata e personale è diritto di natura.

Poiché c'è, da questo punto di vista, un'enorme differenza tra l'uomo e gli animali privi di ragione. L'animale non governa se stesso, ma è guidato e governato dalla natura, mediante un duplice istinto, che, da una parte, mantiene la sua attività continuamente desta e ne sviluppa le forze; dall'altra, provoca e circoscrive ogni suo movimento. Un primo istinto lo porta alla conservazione e alla difesa della propria vita, un secondo alla propagazione della specie; e per raggiungere questo doppio risultato, all'animale basta l'uso di quei determinati mezzi che trova intorno a sé: né potrebbe mirare più lontano, perché mosso unicamente dai sensi e dal particolare sensibile. Ben diversa è la natura dell'uomo. Siccome egli possiede nella pienezza la vita sensitiva, anche a lui è dato, almeno quanto agli altri animali, di usufruire dei beni fisici e corporei. Ma la vita sensitiva, anche posseduta in tutta la sua pienezza, non solo non esaurisce la natura umana, ma le è di gran lunga inferiore e fatta per esserle soggetta. Il gran privilegio dell'uomo, ciò che lo costituisce tale e lo distingue essenzialmente dal bruto, è l'intelligenza, ossia la ragione. E appunto perché ragionevole, bisogna riconoscere all'uomo non soltanto la facoltà generale di usare delle cose esterne, ma, in più, il diritto stabile e perpetuo di possederle, tanto quelle che si consumano con l'uso, quanto quelle che l'uso non consuma.

6. *All'uomo spetta, per sua natura, il dominio della terra*

Una considerazione più profonda della natura umana fa comprendere ancora meglio questa verità. L'uomo abbraccia con la sua intelligenza un'infinità di oggetti, e conosce il presente e il futuro; è anche padrone delle sue azioni; così, sotto la legge eterna e la provvidenza universale di Dio, è provvidenza a se stesso. Perciò egli ha il diritto di scegliere le cose che ritiene più adatte a provvedere al presente e al futuro. Ne segue che deve avere sotto il suo dominio non solamente i prodotti della terra, ma la terra stessa, dal cui seno fecondo vede essergli assicurato il necessario ai suoi bisogni futuri. Le necessità dell'uomo hanno, per così dire, una vicenda di perpetui ritorni: soddisfatti oggi, rinascono domani. Perciò la natura deve aver dato all'uomo il diritto a beni stabili e perenni, proporzionati alla perennità dell'aiuto di cui egli ha bisogno. Questi beni ce li può fornire soltanto la terra con la sua inesauribile fecondità.

E non c'è ragione di ricorrere alla provvidenza dello Stato, perché l'uomo è anteriore allo Stato: così che prima che si formasse la società civile, l'uomo dovette avere da natura il diritto di provvedere a se stesso.

7. *La proprietà privata non è in contraddizione con il fatto che Dio ha donato la terra in comune agli uomini*

Né si opponga alla legittimità della proprietà il fatto che Dio ha dato la terra in uso e godimento a tutto il genere umano, perché Dio non l'ha concessa agli uomini affinché tutti ne avessero un dominio comune e confuso. Non è questo il senso di tale verità. Essa significa soltanto che Dio non ha assegnato nessuna parte del suolo a nessuno in particolare, ma ha lasciato la delimitazione delle proprietà all'industria degli uomini e alle istituzioni dei popoli. Del resto, benché divisa in proprietà private, la terra rimane a servizio e beneficio di tutti, non essendoci uomo al mondo che non riceva alimento dai prodotti dei campi. Chi non ha beni propri, vi supplisce con il lavoro; tanto che si può affermare con verità che il lavoro è il mezzo universale per provvedere ai bisogni della vita, sia che lo si compia su un fondo proprio, sia che lo si compia con qualche mestiere la cui mercede, in ultima analisi, si ricava dai molteplici prodotti della terra, in cui è convertibile.

Ed è questa un'altra prova che la proprietà privata è pienamente conforme alla natura. La terra, senza dubbio, fornisce all'uomo con abbondanza le cose necessarie alla conservazione della vita e più ancora al suo perfezionamento, ma a condizione che l'uomo la coltivi e le sia largo di cure.

Ora, che cosa fa l'uomo quando impiega le risorse dello spirito e le energie fisiche per procurarsi questi beni della natura? Egli unisce a sé, per così dire, quella parte della natura corporea che coltiva e vi lascia come impressa un'impronta della sua personalità, al punto che giustamente potrà d'ora innanzi possedere questo bene come suo e a nessuno sarà lecito di violare, in qualsiasi modo, il suo diritto.

8. *Legami tra proprietà e lavoro*

La forma di questi ragionamenti è di un'evidenza tale, che c'è veramente da meravigliarsi che ci possano essere alcuni i quali li contraddicono, concedendo all'uomo privato l'uso del suolo e i frutti del campo, ma rifiutandogli il diritto di possedere, da proprietario, questo suolo dove ha costruito, questa porzione di terra che ha coltivato. Non si accorgono costoro che in questo modo privano l'uomo degli effetti del suo lavoro. Poiché il campo dissodato dalla mano e dall'arte del coltivatore non è più quel di prima: da selvaggio è diventato fruttifero, da sterile è diventato fertile; questi miglioramenti formano una cosa sola con il terreno stesso. Ora, che giustizia sarebbe se un altro, il quale non l'ha lavorato, subentrasse a goderne i frutti? Come l'effetto appartiene alla sua causa, così il frutto del lavoro deve appartenere a chi lavora.

A ragione, dunque, il genere umano, senza curarsi dei pochi contradditori, e considerando attentamente la natura, trova nella stessa legge di natura il fondamento della divisione dei beni, e riconoscendo che la proprietà privata è sommamente confacente alla natura dell'uomo e alla pacifica convivenza sociale, l'ha solennemente sancita mediante la pratica di tutti i secoli. E le leggi civili che, quando sono giuste, derivano la propria forza ed efficacia dalla stessa legge naturale, confermano tale diritto e lo assicurano con la forza. Né manca il suggello della legge divina la quale proibisce strettissimamente perfino il desiderio della roba altrui: « Non desiderare la moglie del tuo prossimo. Non desiderare la casa del tuo prossimo, né il suo campo, né il suo schiavo, né la sua schiava, né il suo bue, né il suo asino né alcuna delle cose che sono del tuo prossimo »[1].

[1] *Dt* 5, 21.

9. *Legami tra proprietà e doveri della vita domestica*

Questo diritto individuale appare più rigoroso se lo consideriamo nelle sue relazioni con i doveri della vita domestica. L'uomo è libero di scegliere il proprio stato: egli può seguire il consiglio evangelico della verginità o legarsi in matrimonio. Nessuna legge umana può abolire il diritto naturale e primordiale di ogni uomo al matrimonio, né limitare il fine principale per cui il matrimonio è stato stabilito da Dio fin dalle origini, quando disse: « Siate fecondi e moltiplicatevi »[2]. Ecco dunque la famiglia, ossia la società domestica, società piccola ma vera e anteriore ad ogni civile società, e, quindi, con diritti e doveri indipendenti dallo Stato.

Pertanto, quello che abbiamo detto in ordine al diritto di proprietà rivendicato per l'individuo, va applicato all'uomo come capo di famiglia: anzi, tale diritto in lui è tanto più forte quanto più estesa e comprensiva è nella società domestica la sua personalità.

10. *Il patrimonio familiare. L'eredità*

La natura impone al padre di famiglia il dovere sacro di nutrire e mantenere i propri figli. Anzi, va oltre. Siccome i figli riflettono la fisionomia del padre e sono come un prolungamento della sua persona, la natura gli ispira l'idea di preoccuparsi del loro avvenire e di creare per loro un patrimonio che li aiuti a difendersi, nel difficile corso della vita, contro tutte le sorprese della cattiva fortuna. Ma questo patrimonio, come lo potrebbe creare senza l'acquisto e il possesso di beni permanenti e produttivi che egli possa loro trasmettere per eredità?

Come la società civile, così la famiglia, l'abbiamo già detto, è una società retta da potere proprio, qual è il paterno. Entro i limiti determinati dal suo fine, la famiglia ha dunque, per la scelta e l'uso dei mezzi necessari alla sua legittima indipendenza, diritti almeno uguali a quelli della società civile. Abbiamo detto almeno uguali, perché la società domestica ha sulla società civile una priorità logica e una priorità reale, di cui parteci-

[2] *Gn* 1, 28.

pano necessariamente i suoi diritti e i suoi doveri. Che se gli individui, se le famiglie, entrando a far parte della società vi trovassero, invece di un sostegno, un ostacolo, invece di una protezione, una diminuzione dei loro diritti, la società sarebbe piuttosto da fuggire che da ricercare.

11. *Lo Stato deve tutelare la famiglia*

È dunque un errore grave e dannosissimo volere che lo Stato possa intervenire arbitrariamente fin nel santuario della famiglia. Certo, se qualche famiglia si trova in una situazione disperata e da se stessa non le sia possibile uscirne, è giusto, in tali casi estremi, l'intervento dei pubblici poteri, perché ogni famiglia è un membro della società. Così pure, in caso di gravi discordie nelle relazioni vicendevoli tra i membri di una famiglia, lo Stato intervenga e renda a ciascuno il suo, poiché questo non è un usurpare i diritti dei cittadini, ma un assicurarli e tutelarli secondo giustizia. Qui però deve arrestarsi lo Stato; la natura proibisce che si vada oltre. L'autorità paterna non può essere abolita, né assorbita dallo Stato, perché essa ha la sua sorgente là dove la vita umana ha la sua. « I figli sono qualche cosa del padre », una espansione, per così dire, della sua personalità; e, a parlare propriamente, non è immediatamente da se stessi che si aggregano e si incorporano nella società civile, ma attraverso la società domestica in cui sono nati. E siccome « i figli sono naturalmente qualcosa del padre..., essi devono restare sotto la tutela dei genitori prima dell'uso di ragione »[3]. Così, sostituendo alla provvidenza dei genitori quella dello Stato, i socialisti vanno *contro la giustizia naturale* e disgregano la compagine familiare.

12. *Funeste conseguenze della teoria socialista della proprietà collettiva*

Ma, oltre all'ingiustizia del loro sistema, si vede fin troppo chiaramente quale confusione e scompiglio ne seguirebbe in tutti i settori della società, quale dura e odiosa servitù per tutti i cittadini. Si aprirebbe la via agli asti, alle recriminazioni, alle di-

[3] S. Tommaso, *Summa th.* II-II, q. 10, a. 12.

scordie; le fonti stesse della ricchezza, tolto ogni stimolo all'ingegno e all'abilità individuale, inaridirebbero; e la sognata uguaglianza non sarebbe di fatto che una condizione universale di abiezione e di miseria.

Tutte queste ragioni danno ragione di concludere che la comunanza dei beni proposta dal socialismo va assolutamente respinta, perché nuoce a quegli stessi che si vogliono aiutare, offende i diritti naturali di ciascuno, altera le funzioni dello Stato e turba la pace comune. Resti ben fermo, dunque, che nello sforzo di migliorare le sorti delle classi lavoratrici si deve porre come fondamento indiscutibile il diritto di proprietà privata. Adesso spieghiamo dove convenga cercare il rimedio tanto desiderato.

II - L'insegnamento e l'azione della Chiesa

13. *Necessità di ricorrere alla religione e alla Chiesa*

Entriamo fiduciosi in questo argomento e di Nostro pieno diritto; perché si tratta di questione di cui non è possibile trovare soluzione valida senza ricorrere alla religione e alla Chiesa. E siccome la cura della religione, e la distribuzione dei mezzi che sono in potere della Chiesa, è affidata principalmente a Noi, Ci parrebbe di mancare al Nostro ministero, tacendo.

Certamente la soluzione di questo problema così difficile richiede il concorso e l'efficace cooperazione anche di altri: vogliamo dire dei governanti, dei padroni e dei ricchi, e anche degli stessi proletari che vi sono direttamente interessati; ma senza alcuna esitazione affermiamo che, se si prescinde dall'azione della Chiesa, tutti gli sforzi risulteranno inutili. Infatti la Chiesa è quella che trae dal vangelo dottrine atte a comporre, o, certo, a rendere assai meno aspro il conflitto; essa procura con i suoi insegnamenti non solo di illuminare la mente, ma di regolare la vita e i costumi di ognuno; essa con un gran numero di istituzioni benefiche migliora le condizioni stesse del proletariato; essa vuole e desidera che i consigli e le forze di tutte le classi sociali si uniscano e cospirino insieme allo scopo di provvedere, meglio che sia possibile, agli interessi degli operai; e crede che le leggi e l'autorità pubblica, con misura, certamente, e con saggezza, debbano portare a questo scopo il loro concorso.

14. *Inevitabilità delle disparità di condizioni sociali*

Bisogna anzitutto fissare bene questo principio: si deve accettare la condizione propria dell'umanità: togliere dal mondo le disparità è impossibile. Lo tentano, è vero, i socialisti; ma ogni tentativo contro la natura delle cose è inutile. È la stessa natura, infatti, che ha disposto tra gli uomini la più grande varietà: differenza d'intelligenza, di talento, di abilità, di salute, di forza; differenze inevitabili, da cui nasce necessariamente la differenza delle condizioni sociali. Questa disuguaglianza, del resto, torna a vantaggio di tutti, della società e degli individui; perché la vita sociale richiede attitudini varie e uffici diversi; e l'impulso principale che muove gli uomini ad esercitare tali uffici è la disparità delle condizioni.

Per quanto riguarda il lavoro in particolare, l'uomo, anche nello stato d'innocenza, non sarebbe rimasto inoperoso: ma a ciò che la volontà avrebbe abbracciato liberamente come piacevole esercizio la necessità ha aggiunto, dopo il peccato, il sentimento del dolore e l'ha imposto come un'espiazione. « Maledetto sia il suolo per causa tua! Con dolore ne trarrai il cibo per tutti i giorni della tua vita »[4].

Così pure il dolore non mancherà mai sulla terra: perché le funeste conseguenze del peccato sono aspre, dure, difficili, e accompagnano necessariamente l'uomo fino alla tomba. Sì, il dolore e la sofferenza sono compagni inseparabili dell'uomo, e per quanto si faccia e si tenti, non c'è forza né arte che possa eliminare le sofferenze dal mondo. Coloro che dicono di poterlo fare, e promettono al povero una vita priva di dolore e di pene, tutta pace e gioia, illudono il popolo e lo trascinano per una via che conduce a dolori più grandi dei presenti. Meglio è guardare le cose come sono e, come dicemmo, cercare altrove il rimedio ai mali.

15. *Complementarità di capitale e lavoro*

L'errore fondamentale in questa questione è credere che le due classi siano nemiche l'una dell'altra, come se la natura avesse armato i ricchi e i poveri affinché si combattessero vicende-

[4] *Gn* 3, 17.

volmente in un duello ostinato. È questa una aberrazione e bisogna invece porre la verità in una dottrina opposta.

Perché, come nel corpo umano le membra, nonostante la loro diversità, si accordano insieme e formano un tutto armonico che si chiama simmetria, così, nella società, le due classi sono destinate dalla natura ad unirsi armoniosamente e a mentenersi in un perfetto equilibrio. L'una ha assoluto bisogno dell'altra: non può esserci capitale senza lavoro, né lavoro senza capitale. La concordia fa la bellezza e l'ordine delle cose, mentre un perpetuo conflitto non può dare che confusione e barbarie.

Ora, per comporre questo conflitto e per eliminare il male nelle sue stesse radici, le istituzioni cristiane posseggono una forza meravigliosa.

16. *I doveri di giustizia degli operai e quelli dei padroni*

E anzitutto l'intero insegnamento cristiano, di cui è interprete e custode la Chiesa, è validissimo per conciliare e mettere in accordo fra loro i ricchi e i proletari, ricordando agli uni e agli altri i loro vicendevoli doveri.

Prima di tutti gli altri doveri, bisogna porre quelli che derivano dalla giustizia.

Tra questi doveri, ecco quelli che riguardano il proletario e l'operaio: prestare interamente e fedelmente l'opera che liberamente e secondo equità fu pattuita; non recar danno alla roba, né offesa alla persona dei padroni; astenersi da atti violenti nella difesa stessa dei propri diritti, né mai trasformare questa difesa in sedizione; fuggire gli uomini malvagi che promettono cose esagerate, senz'altro risultato che inutili pentimenti e perdite rovinose.

Quanto ai ricchi e ai padroni, essi non devono trattare l'operaio da schiavo; devono rispettare in lui la dignità della persona umana, nobilitata dal carattere cristiano. Agli occhi della ragione e della fede, il lavoro non degrada l'uomo, anzi lo nobilita col metterlo in grado di vivere onestamente la vita con la propria opera. Quello che veramente è indegno dell'uomo è di usarlo come vile strumento di guadagno, e di stimarlo solo per quel che valgono le sue energie fisiche. Il cristianesimo, inoltre, prescrive che si tenga conto degli interessi spirituali dell'operaio e del bene della sua anima. È obbligo perciò dei padroni lasciare all'operaio comodità e tempo per compiere i doveri religiosi, non esporlo a seduzioni corrompitrici e a pericoli di scandalo, non indebolire in lui lo spirito di famiglia e l'amore del risparmio, non imporgli lavori sproporzionati alle sue forze, e non adatti all'età e al sesso.

17. *Il giusto salario*

Ma, tra i doveri principali del padrone, bisogna mettere al primo posto quello di dare a ciascuno il giusto salario. Il determinarlo secondo giustizia dipende da molte considerazioni: ma in generale si ricordino i capitalisti e i padroni che le leggi umane non permettono di opprimere per proprio vantaggio i bisognosi e gli infelici e speculare sulla miseria del prossimo. Defraudare poi la dovuta mercede è colpa. « Ecco, il salario da voi defraudato ai lavoratori... grida; e le proteste dei mietitori sono giunte alle orecchie del Signore degli eserciti »[5].

Infine è dovere dei ricchi non danneggiare i piccoli risparmi dell'operaio né con violenza, né con frodi, né con usure aperte o nascoste; questo dovere è tanto più rigoroso quanto più l'operaio è debole e indifeso, e quanto più sacrosanta è la sua piccola sostanza.

L'osservanza di questi precetti non basterà essa sola a mitigare il contrasto e a sopprimere le cause?

18. *L'amicizia fra tutti*

Ma la Chiesa, guidata dagli insegnamenti e dall'esempio di Cristo, mira ancora più in alto: e propone un corpo di precetti più completo, perché tende a riavvicinare il più possibile le due classi e a farle amiche.

Nessuno può avere una conoscenza vera della vita mortale, né stimarla nel suo giusto valore, se non si innalza alla considerazione dell'altra vita, quella eterna, senza la quale la vera nozione del bene morale scompare, anzi l'intera creazione diventa un mistero inesplicabile. La vera vita dell'uomo è quella del mon-

[5] *Gc* 5, 4.

do futuro; questa verità, che la natura stessa ci insegna, è un dogma cristiano sul quale riposa, come principale fondamento, tutto l'edificio della religione. No, Dio non ci ha creati per questi beni fragili e caduchi, ma per le cose celesti ed eterne, e la terra ci è stata data da Lui come luogo di esilio, non come patria.

Che tu abbia in gran quantità ricchezze e altri beni terreni, o che non ne abbia, ciò non importa niente all'eternità; importa invece moltissimo l'uso buono o cattivo di quei beni. Le varie tribolazioni di cui è intessuta la vita di quaggiù, Gesù Cristo, che pure ci ha redenti con *redenzione abbondante*, non le ha tolte: le ha però cambiate in stimolo della virtù e in sorgente di merito, di modo che non c'è uomo il quale possa giungere al Cielo se non segue le orme sanguinose di Lui. « Se soffriamo con Lui, regneremo con Lui »[6]. Del resto, scegliendo volontariamente la croce e i tormenti, egli ne ha in maniera meravigliosa mitigato l'acerbità, e, per renderci la sofferenza ancora più sopportabile, all'esempio egli ha aggiunto la sua grazia e la promessa di una ricompensa senza fine. Perché « il momentaneo, leggero peso della nostra tribolazione, ci procura una quantità smisurata ed eterna di gloria »[7]. Così i ricchi di questo mondo sono avvertiti che le ricchezze non li liberano dal dolore, che esse non sono di nessuna utilità per la vita eterna, ma piuttosto un ostacolo[8], che i ricchi devono tremare pensando alle minacce straordinariamente severe di Gesù Cristo[9]; e che infine verrà un giorno in cui dovranno rendere a Dio, loro giudice, un conto rigorosissimo dell'uso che avranno fatto dei loro beni.

19. *L'uso delle ricchezze deve essere comune. Il necessario e il superfluo. Un dovere di carità*

Sull'uso delle ricchezze, ecco l'insegnamento, di una eccellenza e di una importanza estrema, che la filosofia ha potuto intravedere, ma che soltanto la Chiesa ha potuto insegnarci nella sua perfezione e far scendere dalla conoscenza alla pratica. Il

6 2 *Tm* 2, 12.
7 2 *Cor* 4, 17.
8 *Mt* 19, 23-24.
9 *Lc* 6, 24-25.

fondamento di tale dottrina sta nella distinzione tra il giusto possesso delle ricchezze e il loro uso legittimo. La proprietà privata, l'abbiamo visto sopra, è diritto naturale dell'uomo; l'esercitare questo diritto è, specialmente nella vita sociale, non solo lecito, ma anche assolutamente necessario. « È lecito », dice san Tommaso, « anzi necessario alla vita umana che l'uomo abbia la proprietà dei beni »[10]. Ma se si domanda in che cosa si debba far consistere l'uso dei beni, la Chiesa risponde senza esitazione: « A questo proposito l'uomo non deve tenere le cose esteriori come private, ma come comuni, in modo da farne parte facilmente agli altri nelle loro necessità. Perciò l'Apostolo dice: ai ricchi di questo mondo raccomanda di essere pronti a dare, di essere generosi »[11].

Nessuno, certo è tenuto a soccorrere gli altri con quello che è necessario a sé e ai suoi, anzi neppure con quello che è necessario alla convenienza e al decoro del proprio stato; perché « nessuno deve vivere in modo non conveniente »[12].

Ma, una volta che si è soddisfatto alla necessità e alla convenienza, è dovere soccorrere con il superfluo i bisognosi. « Quello che avanza datelo in elemosina »[13].

È un dovere non di stretta giustizia, salvo il caso di estrema necessità, ma di carità cristiana; un dovere, di conseguenza, di cui non si può pretendere l'adempimento per vie giuridiche.

Ma sopra le leggi e i giudizi degli uomini sta la legge e il giudizio di Cristo, il quale ci spinge in tutti i modi a donare generosamente e insegna che « vi è più gioia nel dare che nel ricevere »[14], terrà per fatta o negata a sé la carità fatta o negata ai bisognosi: « Ogni volta che avete fatto queste cose a uno solo di questi miei fratelli più piccoli, lo avete fatto a me »[15].

In conclusione, chiunque ha ricevuto dalla divina bontà una grande abbondanza sia di beni esteriori e corporali, sia di beni spirituali, li ha ricevuti allo scopo di servirsene per il proprio perfezionamento, e, insieme, come ministro della Provviden-

10 S. Tommaso, *Summa th.* II-II, q. 66, a. 2.
11 *Ibid.*
12 *Ibid*, q. 32, a. 6.
13 *Lc* 11, 41.
14 *At* 20, 35.
15 *Mt* 25, 40.

za, a vantaggio degli altri: « Chi ha dunque ingegno, badi di non tacere; chi ha abbondanza di roba, si guardi dall'essere troppo duro di mano nell'esercizio della misericordia; chi ha un'arte per vivere, ne partecipi al prossimo l'uso e l'utilità »[16].

20. *La povertà non è una vergogna. La vera dignità dell'uomo è morale*

Ai diseredati della fortuna poi la Chiesa insegna che, secondo il giudizio di Dio stesso, la povertà non è una vergogna e che non c'è da arrossire a guadagnarsi il pane con il sudore della fronte. Gesù Cristo confermò questa verità con il suo esempio, lui che, « da ricco che era, si è fatto povero »[17] per la salvezza degli uomini; lui che, Figlio di Dio e Dio egli stesso, volle comparire ed essere creduto figlio di un falegname. Anzi non ricusò di passare lavorando la maggior parte della vita. « Non è questi il carpentiere, il figlio di Maria? »[18].

Chiunque terrà sotto lo sguardo il modello divino comprenderà più facilmente che la vera dignità e grandezza dell'uomo è tutta morale, ossia riposta nella virtù; che la virtù è patrimonio comune, alla portata di tutti, dei piccoli e dei grandi, dei poveri e dei ricchi; che solo la virtù e i meriti, in chiunque si trovino, avranno il premio della beatitudine eterna. Diciamo di più: per gli infelici pare che Dio abbia una particolare predilezione: poiché Gesù Cristo chiama beati i poveri[19], invita amorosamente a venire da Lui per conforto coloro che soffrono e piangono[20], abbraccia con carità specialissima i deboli e di perseguitati.

Queste verità sono fatte senza dubbio per umiliare l'anima orgogliosa del ricco e renderlo più condiscendente, per incoraggiare coloro che soffrono ispirando loro la rassegnazione. Così le distanze, tanto care all'orgoglio, si raccorciano, e non è più difficile ottenere che le due classi, stringendosi la mano, si uniscano in un amichevole accordo.

16 Gregorio Magno, in *Evang. Hom.* X,7.
17 *2 Cor* 8, 9.
18 *Mc* 6, 3.
19 *Mt* 5, 3: « Beati i poveri in spirito ».
20 *Mt* 11, 28; « Venite a me, voi tutti, che siete affaticati e oppressi, e io vi ristorerò ».

21. *La fraternità cristiana*

Ma è ancora troppo poco la semplice amicizia: se si obbedisce ai precetti del cristianesimo, si realizzerà l'unione nell'amore fraterno. Poiché si conoscerà e si sentirà che tutti gli uomini hanno origine da Dio, padre comune; che tutti tendono a Dio, fine supremo, il quale soltanto può rendere perfettamente felici gli uomini e gli angeli; che tutti sono stati ugualmente redenti da Gesù Cristo e chiamati alla dignità della figliolanza divina, di modo che sono congiunti con il vincolo di una santa fraternità non solo tra loro, ma con Gesù Cristo, « primogenito tra molti fratelli ». Si conoscerà e si sentirà che i beni di natura e di grazia sono patrimonio comune del genere umano, e che senza propria colpa nessuno sarà privato dell'eredità dei beni celesti: perché « se siamo figli, siamo anche eredi: eredi di Dio, coeredi di Cristo »[21].

Ecco l'ideale dei diritti e dei doveri contenuto nel Vangelo. Se esso prevalesse nel mondo, non cesserebbe subito ogni dissidio, e non tornerebbe subito la pace?

22. *Funzione educativa della Chiesa. Rinnovamento della società mediante le istituzioni cristiane*

Ma la Chiesa non si accontenta di indicare il rimedio: lo applica essa stessa con la sua mano materna. Essa si sforza di formare e di educare gli uomini secondo questi principi e questa dottrina, di cui si preoccupa di spandere le acque vivificanti fino ai punti più lontani e nella misura più vasta possibile, per mezzo dei vescovi e del clero. Poi essa si sforza di penetrare nelle anime e di ottenere dalle anime che si lascino condurre e governare dai precetti divini. È questo un punto fondamentale e di una importanza grandissima, perché costituisce come il riassunto di tutti gli interessi che sono in gioco, e qui l'azione della Chiesa è sovrana. Gli strumenti di cui essa dispone per raggiungere le anime, li ha ricevuti proprio per questo scopo da Gesù Cristo, e portano in se stessi l'efficacia di una forza divina. Sono i soli mezzi che possono penetrare fin nelle pro-

[21] *Rm* 8, 17.

fondità del cuore umano e che siano capaci di condurre l'uomo e obbedire ai comandi del dovere, a frenare le passioni, ad amare Dio e il prossimo con un amore senza misura, ad abbattere coraggiosamente tutti gli ostacoli che attraversano il cammino della virtù.

Basta, a questo riguardo, passare brevemente in rassegna gli esempi dell'antichità. Le cose e i fatti che ricordiamo sono al di fuori di ogni controversia. Così è fuori dubbio che la società civile è stata trasformata alle radici dalle istituzioni cristiane; che questo rinnovamento ha avuto per risultato di innalzare il livello del genere umano, o, per meglio dire, di richiamarlo dalla morte alla vita, e di portarlo a un così alto grado di perfezione, che non se ne vide di simile né prima né poi, e non se ne vedrà mai nel corso dei secoli; che finalmente Gesù Cristo è il principio e il termine di questi benefici, perché come sono scaturiti da Lui, a Lui devono essere riferiti. Quando dunque il Vangelo si irradiò nel mondo, quando i popoli conobbero il grande mistero dell'incarnazione del Verbo e della redenzione degli uomini, la vita di Gesù Cristo, Dio e uomo, si trasfuse nella società civile e la impregnò tutta quanta con la fede, con i precetti, con la sua legge. Quindi, se la società umana deve essere risanata, lo potrà essere solo con il ritorno alla vita e alle istituzioni del cristianesimo. È solenne principio che per riformare una società in decadenza è necessario riportarla ai principi che le hanno dato la vita. La perfezione di ogni società consiste nel tendere e nel raggiungere il fine in vista del quale è stata fondata; in modo che tutti i movimenti e tutte le azioni della vita sociale derivino dal medesimo principio da cui la società è nata. Quindi deviare dal fine significa correre verso la morte; tornare ad esso significa riprendere la vita.

E quanto Noi diciamo dell'intero corpo sociale si applica ugualmente a quella classe di cittadini che vivono del loro lavoro e che ne formano la grande maggioranza.

23. *La Chiesa concorre al miglioramento della vita terrena con l'insegnamento delle virtù cristiane*

Non si creda che le cure della Chiesa siano così interamente e unicamente rivolte alla salvezza delle anime, da trascurare ciò che riguarda la vita mortale e terrena. Per quanto tocca in particolare la classe dei lavoratori, essa fa ogni sforzo per toglierli dalla miseria e procurare loro una condizione migliore.

E questo essa fa innanzitutto indirettamente col chiamare e informare tutti gli uomini a virtù. I costumi cristiani, quando siano e si mantengano veramente tali contribuiscono di per sé alla prosperità terrena; perché attirano le benedizioni di Dio, principio e fonte d'ogni bene; frenano il desiderio eccessivo delle ricchezze e la sete dei piaceri, veri flagelli, che rendono misero l'uomo nell'abbondanza stessa di ogni cosa[22]; portano ad accontentarsi di una vita frugale, e suppliscono alla scarsezza dei redditi con il risparmio, tenendo lontano dai vizi, che consumano non solo le piccole, ma le grandi fortune e mandano in rovina i più grandi patrimoni.

24. *La Chiesa sostiene le classi diseredate con istituzioni caritative*

La Chiesa, inoltre, concorre direttamente al bene dei proletari con il creare e promuovere istituzioni adatte a sollevare la loro miseria; e in questo genere di benefici si è tanto segnalata da riscuotere l'ammirazione degli stessi nemici.

Nel cuore dei primi cristiani la carità fraterna era così potente che i più ricchi si spogliavano spessissimo del proprio patrimonio per soccorrere i poveri; e così « nessuno tra loro era bisognoso »[23]. Ai diaconi era affidato dagli apostoli l'incarico di esercitare la beneficenza quotidiana; e Paolo apostolo, benché assorbito dalla cura di tutte le Chiese, non esitava a intraprendere viaggi faticosi per andare di persona a portare i soccorsi ai cristiani bisognosi. E « depositi della pietà » chiama Tertulliano le offerte che si facevano spontaneamente dai fedeli in ciascuna adunanza; perché s'impiegavano per « soccorrere e dare sepoltura agli indigenti, aiutare gli orfani poveri d'ambo i sessi, i vecchi e i naufraghi »[24].

E di qui a poco a poco si formò il patrimonio che la Chiesa conservò sempre con religiosa cura come patrimonio della povera gente. Essa è giunta fino ad assicurare i soccorsi agli infe-

[22] *1 Tm* 6, 10: « L'attaccamento al denaro infatti è la radice di tutti i mali ».
[23] *At* 4, 34.
[24] Tertulliano, *Apol.* II, XXXIX.

lici risparmiando loro l'umiliazione di stendere la mano. Infatti questa comune Madre dei ricchi e dei poveri, approfittando degli eroismi di carità che aveva suscitato dovunque, fondò società religiose e una moltitudine di altre istituzioni utili che non lasciarono quasi nessuna specie di miseria senza aiuto e senza conforto. Molti oggi, come fecero già i pagani, rimproverano alla Chiesa perfino questa carità meravigliosa, e si è creduto bene di sostituire alla carità cristiana la beneficenza stabilita dalle leggi civili; ma questa carità, che si consacra tutta al bene degli altri, non può essere supplita da nessuna iniziativa umana. Soltanto la Chiesa possiede questa virtù, perché è virtù che sgorga solamente dal cuore santissimo di Gesù Cristo, e si allontana da Gesù Cristo chi si allontana dalla Chiesa.

III - Il ruolo dello Stato

25. *L'azione comune di tutti*

È fuori dubbio però che per risolvere la questione operaia si debba ricorrere anche ai mezzi umani. Tutti quelli che vi sono interessati devono concorrervi ciascuno per la sua parte: a somiglianza della Provvidenza che governa il mondo, perché noi vediamo che ordinariamente i fatti e gli avvenimenti che dipendono da cause diverse sono il risultato della loro azione comune.

Vediamo dunque quale debba essere il concorso dello Stato. Noi parliamo dello Stato non com'è costituito o come funziona in questa o quella nazione, ma dello Stato nel suo vero concetto, quale si desume dai principi della retta ragione, in perfetta armonia con le dottrine cattoliche, come Noi medesimi esponemmo nell'enciclica sulla costituzione cristiana degli Stati (*Immortale Dei*, 1 novembre 1885).

26. *Il servizio del bene comune*

I governanti dunque devono in primo luogo concorrervi in maniera generale con tutto il complesso delle leggi e delle istituzioni politiche, ordinando e amministrando lo Stato in modo che ne risulti naturalmente la prosperità sia pubblica che privata.

Questo, infatti, è il compito della prudenza civile e il dovere dei governanti. Ora la prosperità delle nazioni deriva specialmente dai buoni costumi, dal buon ordine della famiglia, dall'osservanza della religione e della giustizia, dall'imposizione moderata e dalla distribuzione equa dei pubblici oneri, dal progresso delle industrie e del commercio, dal fiorire dell'agricoltura e da altre cose simili: tutte cose che non si possono promuovere senza promuovere la vita e la felicità dei cittadini. Anche solo per questa via lo Stato può dunque grandemente concorrere tanto al benessere delle altre classi, quanto a quello dei proletari; e ciò di suo pieno diritto e senza dar sospetto di ingerenze indebite; perché è compito proprio dello Stato provvedere al bene comune. Ed è evidente che più si moltiplicheranno i vantaggi risultanti da quest'azione di ordine generale, e meno si avrà bisogno di ricorrere ad altri espedienti per rimediare alla condizione dei lavoratori.

27. *La giustizia distributiva*

Ma ecco un'altra considerazione che tocca ancora più da vicino la nostra questione. Lo Stato è un'armoniosa unità, che abbraccia tutti i suoi membri, grandi e piccoli. I poveri, né più né meno dei ricchi, sono di diritto naturale cittadini, membri veri e viventi di cui si compone, mediante le famiglie, il corpo sociale per non dire che ne sono il maggior numero. Ora, siccome è assurdo provvedere a una parte di cittadini e trascurare l'altra, è stretto dovere dello Stato prendersi la dovuta cura del benessere degli operai. Se non lo fa, viola la stretta giustizia, la quale vuole che a ciascuno sia dato ciò che gli è dovuto. A questo riguardo, san Tommaso dice molto sapientemente: Siccome la parte e il tutto fanno in certo modo una cosa sola, così ciò che è del tutto è in qualche modo della parte »[25].

Perciò, tra i molti gravi doveri dei governanti solleciti del bene pubblico, quello che domina su tutti gli altri, consiste, nel provvedere ugualmente ad ogni classe di cittadini, osservando con imparzialità le leggi della giustizia distributiva.

Sebbene tutti i cittadini, senza eccezione, debbano cooperare al benessere comune, che poi naturalmente rifluisce a beneficio dei singoli, tuttavia la cooperazione non può essere né uguale né la stessa in tutti. Per quanto mutino le forme di governo,

[25] S. TOMMASO, *Summa th.* II-II, q. 61, a. 1, ad 2.

vi sarà sempre quella varietà e disparità di condizioni senza la quale non si può dare né concepire una società. Vi saranno sempre pubblici ministri, legislatori, giudici, insomma uomini che governano la nazione in pace e la difendono in guerra. Che questi uomini debbano avere la preminenza nella nazione, nessuno può metterlo in dubbio, poiché lavorano direttamente al bene comune e in maniera tanto eccellente. Gli uomini, invece, che esercitano un qualche mestiere, non possono concorrere a questo bene comune né nella stessa misura, né con gli stessi mezzi; ma essi pure, benché in una maniera meno diretta, servono potentemente gli interessi della società.

Certo, il bene sociale va collocato principalmente nella virtù, dal momento che il suo conseguimento porta gli uomini a diventare migliori. Ma in una società ben ordinata, si deve trovare anche una certa abbondanza di beni materiali, « il cui uso è richiesto per l'esercizio della virtù »[26]. Ora, è il lavoro del proletario, lavoro dei campi o dell'officina, che ne costituisce particolarmente la sorgente feconda e necessaria. Anzi, in questo ordine di cose, il lavoro ha una tale fecondità e una tale efficacia che si può affermare senza paura di sbagliare che esso è la sorgente unica da cui deriva la ricchezza delle nazioni.

È quindi giusto che il governo si interessi dell'operaio, facendo in modo che egli partecipi in qualche misura di quella ricchezza che produce, e abbia così vitto e vestito e conduca la vita in maniera meno disagiata. Ne segue che lo Stato deve favorire tutto ciò che in qualche modo può migliorare la condizione di lui. Questa sollecitudine non solo non nuocerà a nessuno, ma gioverà a tutti, perché importa moltissimo che non rimangano nella miseria coloro da cui derivano vantaggi di tanto rilievo.

28. *La tutela del bene pubblico e privato*

Non è giusto, come abbiamo detto, che il cittadino e la famiglia siano assorbiti dallo Stato; è invece giusto che si lasci all'uno e all'altra tanta indipendenza di operare quanta ne è possibile, salvo il bene comune e i diritti altrui. Tuttavia, i governanti devono tutelare la società e le sue parti; la società, perché la natu-

[26] S. TOMMASO, *De regimine principum*, I c. 15.

ra ne ha affidato la conservazione al potere sovrano, in modo che la salute pubblica non è soltanto qui la legge suprema, ma la causa stessa e la ragion d'essere della pubblica autorità; le parti, perché, di diritto naturale, il governo non deve curare l'interesse di coloro che hanno in mano il potere, ma il bene dei governati: tale è l'insegnamento della filosofia e del Vangelo. Del resto, ogni autorità viene da Dio ed è una partecipazione della sua suprema autorità; quindi, coloro che ne sono i depositari, devono esercitarla secondo l'esempio di Dio, la cui paterna sollecitudine si estende tanto a ciascuna creatura in particolare, quanto al loro insieme. Se dunque gli interessi generali, o l'interesse di una classe in particolare, sono lesi o semplicemente minacciati, ed è impossibile porvi riparo od ovviarvi in altro modo, l'intervento dello Stato è necessario.

29. *Diritto-dovere di intervento dello Stato, in particolare per la protezione dei lavoratori*

Ora interessa tanto il bene privato quanto il bene pubblico che sia mantenuto l'ordine e la tranquillità pubblica: che la famiglia sia ordinata in maniera conforme alla legge di Dio e ai principi della legge naturale; che sia rispettata e praticata la religione; che fioriscano i costumi pubblici e privati; che sia inviolabilmente osservata la giustizia; che una classe di cittadini non opprima l'altra; che i cittadini crescano sani e robusti, capaci di sostenere e, se necessario, difendere la patria. Perciò, se succede che gli operai, abbandonando il lavoro o sospendendolo con scioperi, minacciano la tranquillità pubblica; se i legami naturali della famiglia sono turbati tra i proletari; se la religione non è rispettata nell'operaio, negandogli la comodità e il tempo necessario per compiere i propri doveri verso Dio; se per la promiscuità dei sessi e per altri incentivi al male l'integrità dei costumi corre pericolo nelle officine; se i padroni opprimono la classe lavoratrice con ingiusti pesi o la avviliscono con patti contrari alla personalità e alla dignità umana; se danneggiano i lavoratori con un lavoro eccessivo o non adatto al sesso e all'età; in tutti questi casi, bisogna assolutamente applicare, entro certi limiti, la forza e l'autorità delle leggi; i limiti saranno determinati dal fine stesso che richiede l'intervento dello Stato; cioè, che le leggi non devono andare al di là di ciò che è necessario per reprimere gli abusi ed evitare i danni. I diritti vanno debitamente protetti in chiunque ne abbia, e il pubblico potere deve assicurare a ciascuno il suo, con l'impedirne o punirne le violazioni.

Tuttavia, nel proteggere questi diritti privati, lo Stato deve preoccuparsi in maniera speciale dei deboli e dei poveri. La classe dei ricchi, forte per se stessa, ha meno bisogno della difesa pubblica. La classe proletaria, invece, che manca di sostegno proprio, conta soprattutto sulla protezione dello Stato. Lo Stato si faccia, dunque, particolarmente difensore dei lavoratori, che appartengono alla classe povera.

30. *Tutela della proprietà privata*

Ma è utile scendere espressamente ad alcuni punti di particolare importanza. In primo luogo, bisogna che le leggi pubbliche siano una protezione e una salvaguardia della proprietà privata. E ciò che importa soprattutto, in mezzo a tanta cupidigia in effervescenza, è di contenere le masse nei limiti del dovere; perché, se è giusto tendere verso opportuni miglioramenti, sottrarre invece ad altri i loro beni, invadere la proprietà altrui, sotto pretesto di una uguaglianza assurda, sono cose che la giustizia condanna e che l'interesse comune stesso ripudia. Certo, la massima parte degli operai vorrebbe migliorare le proprie condizioni onestamente, senza far torto a nessuno; tuttavia ce ne sono non pochi, imbevuti di massime false e smaniosi di novità, che cercano ad ogni costo di suscitare tumulti e di spingere gli altri alla violenza. L'autorità pubblica intervenga allora, e mettendo un freno alle sobillazioni dei mestatori, protegga i costumi degli operai contro gli artifici della corruzione e i legittimi padroni contro i pericoli della rapina.

31. *Prevenzione degli scioperi*

Il lavoro troppo lungo e gravoso, il salario giudicato scarso offrono non di rado agli operai motivo di sciopero. A questa piaga così comune e nello stesso tempo così dannosa lo Stato deve portare rimedio; perché questi scioperi non recano danno soltanto ai padroni e agli stessi operai, ma intralciano il commercio e nuocciono agli interessi generali della società, e, siccome degenerano facilmente in violenze e in tumulti, la tranquillità pubblica vi si trova spesso compromessa.

Il rimedio più efficace e più salutare, perciò, è di prevenire il male con l'autorità delle leggi e impedirne lo scoppio, eliminando per tempo le cause da cui si prevede che possa nascere il conflitto tra padroni e operai.

32. *Garantire il rispetto della dignità dell'uomo. Assicurare il riposo settimanale*

Nell'operaio ci sono molti interessi che richiedono la protezione dello Stato, e in primo luogo i beni dell'anima.

La vita di quaggiù, per quanto buona e desiderabile, non è il fine per cui noi siamo stati creati; essa è una via e un mezzo per arrivare, con la conoscenza del vero e l'amore del bene, alla perfezione della vita dell'anima. Lo spirito è quello che porta scolpita in sé l'immagine e la somiglianza divina; in esso risiede quella sovranità di cui fu investito l'uomo, quando ricevette l'ordine di assoggettare la natura inferiore e di mettere al proprio servizio le terre e i mari: « Riempite la terra: soggiogatela e dominate sui pesci del mare e sugli uccelli del cielo e su ogni essere vivente che si muove sulla terra »[27].

Da questo punto di vista tutti gli uomini sono uguali; nessuna differenza tra ricchi e poveri, tra padroni e servi, tra principi e sudditi: perché lo stesso è il « Signore di tutti »[28]. A nessuno è lecito violare impunemente la dignità dell'uomo, di cui Dio stesso dispone *con grande rispetto*, né arrestare la marcia dell'uomo verso questa perfezione che è ordinata all'acquisto della vita eterna. Anzi, neppure di sua libera scelta potrebbe l'uomo rinunciare ad essere trattato secondo la dignità della sua natura, e accettare la schiavitù dello spirito: perché non si tratta di diritti di cui egli abbia la libera disposizione, ma di doveri verso Dio assolutamente inviolabili.

Di qui segue la necessità del riposo festivo. Non s'intenda questo riposo come uno stare in ozio più a lungo, e, meno ancora, come una totale inazione, quale molti desiderano, fomite di vizi e occasione di sperpero di salari, ma un riposo consacrato dalla religione. Unito alla religione, il riposo toglie l'uomo ai

[27] *Gn* 1, 28.
[28] *Rm* 10, 12.

lavori e alle faccende della vita ordinaria, per richiamarlo ai pensieri dei beni celesti e al culto dovuto alla maestà divina. Questo è soprattutto lo scopo del riposo festivo, che Dio con legge speciale prescrisse all'uomo nell'Antico Testamento dicendogli: « Ricordati di santificare il giorno di sabato »[29], e di cui Egli stesso ha dato l'esempio con il misterioso riposo preso subito dopo aver creato l'uomo: « Cessò nel settimo giorno da ogni suo lavoro »[30].

33. *Determinazione delle condizioni e della durata del lavoro, specialmente per fanciulli e donne*

Per quanto riguarda gli interessi fisici e corporali, l'autorità pubblica deve, prima di tutto, sottrarre il povero operaio alla inumanità di avidi speculatori, che per guadagno abusano senza nessuna discrezione delle persone come se fossero cose. Non è giusto, né umano esigere dall'uomo tanto lavoro da farne, per tropppa fatica, inebetire la mente e da fiaccarne il corpo. L'attività dell'uomo, limitata come è limitata la sua natura, ha dei confini che non si devono oltrepassare. Essa si affina, senza dubbio, con l'esercizio e con l'uso, a condizione però che di quando in quando venga sospesa per lasciare intervalli di riposo. Così il numero delle ore di una giornata di lavoro non deve superare la misura delle forze dei lavoratori, e gli intervalli di riposo dovranno essere proporzionati alla natura del lavoro e alla salute dell'operaio e regolati secondo le circostanze di tempo e di luogo. Il lavoro, per esempio, dei cavatori di pietra, di ferro, di rame e di altre materie nascoste nel sottosuolo, essendo più grave e nocivo alla salute, va compensato con una durata più corta. Bisogna poi tener conto delle stagioni; perché non di rado un lavoro, facilmente sopportabile in una stagione, in un'altra diventa o insopportabile o difficilmente sopportabile.

Infine, ciò che può fare un uomo adulto e robusto non lo si può chiedere a una donna o a un fanciullo. Anzi, per quantro riguarda i fanciulli, bisogna assolutamente non ammetterli all'officina prima che l'età ne abbia sufficientemente sviluppate le forze fisiche, intellettuali e morali; altrimenti il fanciullo, co-

29 *Es* 20, 8.
30 *Gn* 2, 2.

me erba in fiore, si sciupa con un lavoro troppo precoce, e diventa impossibile la sua stessa educazione. Così, ci sono lavori non adatti alle donne, che la natura destina piuttosto ai lavori domestici; lavori che proteggono mirabilmente l'onestà del sesso debole e rispondono meglio, per loro natura, all'educazione dei figli e al benessere della casa.

In generale, la durata del riposo deve essere proporzionata alla quantità delle forze che esso deve ricostituire. Il diritto al riposo d'ogni giorno, come la sospensione del lavoro il giorno del Signore, devono formare la convenzione, espressa o tacita, di ogni contratto stipulato tra padroni e operai. Un patto contrario sarebbe immorale, perché non è lecito a nessuno chiedere o promettere la violazione dei doveri che l'uomo ha verso Dio e verso se stesso.

34. *Vigilare sulla determianzione di un giusto salario*

Tocchiamo ora un punto di grande importanza che va inteso bene, per non cadere in uno dei due estremi opposti.

Il salario, così ragionano alcuni, una volta fissato per libero consenso delle parti, è giusto, e quando il padrone l'ha pagato, ha adempiuto a tutti i suoi obblighi e non è tenuto più a niente. La giustizia è violata solo se egli rifiuta di pagare il salario completo o se l'operaio rifiuta di prestare tutto il suo lavoro o di soddisfare ai suoi impegni, nei quali casi, escluso ogni altro, il potere pubblico dovrebbe intervenire per proteggere il diritto di ciascuno.

A questo ragionamento un equo estimatore delle cose non può consentire né facilmente , né in tutto, perché esso non tiene conto di tutti gli aspetti della questione, e ne trascura uno molto grave. Il lavoro è l'attività umana ordinata a provvedere ai bisogni della vita e specialmente alla conservazione: « Con il sudore del tuo volto mangerai il pane »[31]. È questo il motivo per cui il lavoro ha ricevuto dalla natura come una doppia caratteristica: è *personale*, perché la forza attiva è inerente alla persona ed è proprietà di colui che la esercita e che l'ha ricevuta per propria utilità; ed è *necessario*, perché l'uomo ha bisogno del

[31] *Gn* 3, 19.

frutto del suo lavoro per conservare la propria esistenza: cosa che deve fare per obbedire ai comandi imprescindibili della natura. Ora, se si guarda al solo aspetto di personalità, è fuori dubbio che l'operaio può contrattare un salario inferiore al giusto: perché, siccome egli offre volontariamente la sua opera, così può, volendo, accontentarsi di un tenue salario, o non esigerne affatto. Ma ben diversamente si deve dire se alla caratteristica della *personalità* si aggiunge quella della *necessità*, da cui il pensiero può fare astrazione, ma che nella realtà è inseparabile. Infatti, il conservarsi in vita è un dovere, a cui nessuno può mancare senza colpa. Da questo dovere scaturisce necessariamente il diritto di procurarsi le cose necessarie al sostentamento, e che il povero non può procurarsi se non mediante il salario del suo lavoro.

Che il padrone e l'operaio facciano d'accordo il contratto, e, in particolare, stabiliscano la quantità del salario, tutto ciò non toglie che al di sopra della loro libera volontà ci sia una legge di giustizia naturale anteriore e superiore alla libera volontà dei contraenti, ed è che il quantitativo del salario non sia inferiore al sostentamento dell'operaio sobrio e onesto. Se questi, costretto dalla necessità o per timore del peggio, accetta condizioni più dure che, del resto, non ha la possibilità di respingere, perché gli sono imposte dal padrone o da colui che gli offre il lavoro, egli subisce una violenza contro la quale la giustizia protesta.

Ma perché in queste e in altre simili cose, quali sono l'orario di lavoro, le cautele da prendere per assicurare nelle officine la vita dell'operaio, i poteri pubblici non intervengano inopportunamente, data soprattutto la varietà delle circostanze, dei tempi e dei luoghi, è preferibile che in linea di principio la soluzione sia riservata alle corporazioni o sindacati di cui parleremo più innanzi, o che si ricorra a qualche altro mezzo per salvaguardare gli interessi dei lavoratori, anche, se il caso lo richiede, con il soccorso e l'appoggio dello Stato.

35. *Promuovere la propensione al risparmio e alla piccola proprietà*

Quando l'operaio percepisce un salario sufficiente a mantenere se stesso e la sua famiglia con una certa agiatezza, ascolterà, se è saggio, il consiglio che la natura stessa sembra dargli;

cercherà di fare risparmi, in modo che avanzi alle spese una parte da impiegare nell'acquisto di qualche piccola proprietà. Abbiamo infatti dimostrato che l'inviolabilità del diritto di proprietà è indispensabile per la soluzione pratica ed efficace della questione operaia. Perciò le leggi devono favorire questo diritto, e fare in modo che cresca il più possibile il numero dei proprietari.

Un simile risultato, se fosse ottenuto, sarebbe, sorgente dei più preziosi vantaggi, e anzitutto di una ripartizione della ricchezza più giusta. La rivoluzione ha prodotto la divisione della società come in due classi, tra le quali ha scavato un abisso. Da una parte, la strapotenza nella ricchezza: una fazione che, padrona incontrastata dell'industria e del commercio, sfrutta per sé tutte le sorgenti della ricchezza ed esercita anche un'enorme influenza nell'andamento dello Stato. Dall'altra parte, la debolezza nella miseria: una moltitudine dell'animo esulcerato e sempre pronto a tumulti. Ebbene, si stimoli l'industriosa attività del popolo con la prospettiva di una partecipazione alla proprietà della terra, e si vedrà colmarsi a poco a poco l'abisso che separa la ricchezza dalla miseria, e realizzarsi l'accostamento delle due classi.

Inoltre, la terra produrrà in maggiore abbondanza. Perché l'uomo è fatto in modo che, alla prospettiva di lavorare su un fondo proprio, raddoppi il suo ardore e la sua applicazione; anzi, si affeziona al campo coltivato con le proprie mani, da cui aspetta per sé e per la propria famiglia non solo gli alimenti, ma anche una certa agiatezza. Ed è facile capire come questa alacrità giovi moltissimo ad accrescere la produzione della terra e la ricchezza della nazione.

Un terzo vantaggio sarà l'attaccamento al luogo nativo; perché non si cambierebbe la patria con un Paese straniero, se quella desse di che vivere passabilmente ai suoi figli.

Ma una condizione indispensabile perché tutti questi vantaggi diventino realtà, è che la proprietà privata non sia stremata da imposte eccessive. Non è dalle leggi umane, bensì dalla natura che deriva il diritto di proprietà individuale; l'autorità pubblica non può dunque abolirlo; può soltanto temperarne l'uso e armonizzarlo con il bene comune. Essa perciò agisce contro la giustizia e l'umanità quando, sotto pretesto di imposte, grava oltre misura sui beni degli individui.

IV - Il contributo delle associazioni professionali

36. *Il loro benefico influsso nella società*

Infine, alla soluzione della questione operaia possono contribuire molto i capitalisti e gli stessi operai con istituzioni adatte a prestare opportuni soccorsi ai bisognosi e ad avvicinare e unire le due classi tra loro. Tali sono le società di mutuo soccorso; le molteplici assicurazioni private, destinate a provvedere all'operaio, alla vedova, ai figli orfani, nei casi di infortuni improvvisi, di infermità, o di altri incidenti; i patronati per i fanciulli d'ambo i sessi, per la gioventù e per gli adulti. Ma il primo posto l'hanno le associazioni operaie che nel loro complesso contengono quasi tutte le altre opere.

I nostri antenati sperimentarono per lungo tempo la benefica influenza di tali corporazioni; perché, mentre gli artigiani vi trovavano vantaggi inestimabili, le arti, come attestano i monumenti in gran numero, ne ebbero onore e perfezionamento. Oggi le generazioni sono più progredite, i costumi più raffinati, le esigenze della vita quotidiana più numerose; e perciò non c'è dubbio che bisogna adattare le corporazioni alle nuove condizioni. Quindi vediamo con piacere formarsi dovunque simili associazioni, sia di soli operai, sia miste, che riuniscono insieme operai e padroni; ed è desiderabile che crescano di numero e di operosità.

Sebbene Noi ne abbiamo parlato più volte, Ci piace ritornarvi sopra, mostrandone l'opportunità, la legittimità, la forma del loro ordinamento e la loro azione.

37. *Il diritto all'associazione è naturale e universale*

L'esperienza quotidiana che l'uomo fa della propria debolezza lo spinge a unire l'opera degli altri alla propria. La Scrittura dice: « Meglio essere in due che uno solo, perché due hanno un miglior compenso nella fatica. Infatti, se vengono a cadere, l'uno rialza l'altro. Guai invece a chi è solo: se cade, non ha nessuno che lo rialzi »[32]. E altrove: « Il fratello aiutato dal fratello è simile a città fortificata »[33]. Da questa propensione naturale,

[32] *Qo* 4, 9-10.
[33] *Prv* 18, 19.

come da una stessa sorgente, nascono la società civile in primo luogo, e poi, in seno ad essa, altre società che, per essere piccole e imperfette, non sono però società meno vere.

Tra queste piccole società e la grande ci sono profonde differenze, che derivano dal loro fine prossimo. Il fine della società civile abbraccia universalmente tutti i cittadini, perché esso consiste nel bene comune, cioè un bene a cui tutti e ciascuno hanno il diritto di partecipare in una misura proporzionata. Perciò è chiamata « pubblica » perché « riunisce gli uomini per formare uno Stato »[34]. Al contrario, le società che sorgono all'interno di essa si dicono e sono « private » perché hanno per scopo l'utilità privata ed esclusiva dei loro membri. « La società privata è quella che si forma per condurre affari privati, come quando due o tre si uniscono a scopo di traffico »[35].

38. *Lo Stato non può vietare le associazioni private*

Ora, sebbene queste associazioni private esistano dentro lo Stato, e ne siano come tante parti, tuttavia in generale, e assolutamente parlando, lo Stato non può proibirne la formazione. Perché il diritto di unirsi in società l'uomo l'ha dalla natura; e lo Stato deve tutelare, non distruggere i diritti naturali. Se lo Stato proibisce tali associazioni, contraddirebbe a se stesso, perché tutte le società pubbliche e private derivano dallo stesso principio, la naturale socialità dell'uomo. Certo, vi sono casi che autorizzano le leggi ad opporsi alla formazione di qualcuna di queste società. Se una società, in forza dei suoi statuti, si prefigge un fine apertamente contrario all'onestà, alla giustizia, alla sicurezza dello Stato, i poteri pubblici hanno il diritto d'impedirne la formazione, e, se è già costituita, di scioglierla. È necessario però procedere in questo con grandissima cautela, per non invadere i diritti dei cittadini, e non fare il male sotto pretesto del pubblico bene. Poiché le leggi non obbligano se non in quanto sono conformi alla retta ragione e, perciò stesso, alla legge eterna di Dio[36].

34 S. Tommaso, *Contra impugnantes Dei cultum et religionem*, II.
35 *Ibid.*
36 S. Tommaso, *Summa th.* I-II, q. 93, a. 3: « La legge umana in tanto ha natura di legge, in quanto è conforme alla retta ragione: e in tal senso deriva evidentemente dalla legge eterna. Ma in quanto si scosta dalla ragione, questa legge è detta iniqua: e allora non ha natura di legge, ma piuttosto di violenza ».

39. *Il caso delle congregazioni religiose*

E qui il pensiero corre ai sodalizi, congregazioni e ordini religiosi d'ogni genere, ai quali l'autorità della Chiesa e la pietà dei fedeli hanno dato origine; quali ne siano stati i frutti benefici per il genere umano fino ai nostri giorni, la storia lo dice chiaramente. Considerate anche con la sola luce della ragione, tali società, avendo un fine onesto, sono per diritto di natura evidentemente legittime. In quanto poi riguardano la religione, non sottostanno che all'autorità della Chiesa. Lo Stato non può dunque legittimamente arrogarsi su di esse nessun diritto, né attribuirsene l'amministrazione; ha invece il dovere di rispettarle, conservarle, e, se occorre, difenderle. Ora, è esattamente l'opposto che Noi siamo stati costretti a vedere, soprattutto in questi ultimi tempi. In molti Paesi lo Stato ha messo le mani su queste società ed ha accumulato a loro danno ingiustizia su ingiustizia: assoggettamento alle leggi civili, privazione del diritto legittimo di persona morale, spoliazione dei beni. Su questi beni la Chiesa aveva i suoi diritti: e ne avevano ciascuno dei membri, i donatori che li avevano destinati per un determinato fine, e quelli infine che ne traevano soccorso e sollievo. Pertanto, non possiamo astenerci dal deplorare spoliazioni così ingiuste e dannose; tanto più che vediamo interdirsi società cattoliche, tranquille e utilissime, nel tempo stesso che si proclama altamente il diritto di associazione; e in realtà tale diritto viene largamente concesso ad uomini apertamente congiurati a danno della religone e dello Stato.

40. *La difficile scelta degli operai cristiani di fronte ad alcune associazioni*

Certo, oggi si vanno moltiplicando più che mai associazioni diversissime, specialmente di operai. Non è, qui il luogo di indagare l'origine, lo scopo, i procedimenti di molte tra queste società. Ma è opinione confermata da numerosi indizi che esse sono ordinariamente governate da capi occulti e che obbediscono a una parola d'ordine contraria allo spirito cristiano e al bene pubblico; che, avendo il monopolio dei posti di lavoro, se ci sono operai che si rifiutano di entrare a farne parte, fanno pagar caro il loro rifiuto. In questo stato di cose, gli operai cristiani non hanno che da scegliere tra due alternative: o iscriversi a queste associazioni pericolose alla religione, o fondarne di proprie e unire così le loro forze per sottrarsi coraggiosamente a un'oppressione così ingiusta e intollerabile. Ora, chi può esitare sulla scelta di quest'ultima soluzione, se non si vuole mettere in pericolo il bene sommo all'uomo?

41. *Le associazioni operaie cristiane*

Degnissimi di lode sono molti, tra i cattolici, che, rendendosi perfettamente conto dei bisogni dell'ora presente, compiono ogni sforzo per migliorare le condizioni degli operai. E fattisi difensori dei lavoratori, si sforzano di aumentarne il benessere individuale e familiare; di regolare secondo equità le relazioni tra lavoratori e padroni; di tenere vivo e profondamente radicato negli uni e negli altri il ricordo dei loro doveri e l'osservanza dei precetti divini: precetti che, conducendo l'uomo alla moderazione e condannando ogni eccesso, mantengono nelle nazioni, e tra la più grande diversità delle persone e delle cose, la concordia e l'armonia più perfetta. Sotto la spinta dei medesimi motivi, uomini di grande merito si riuniscono frequentemente in congressi, per comunicarsi le loro idee, unire le forze, formulare programmi di azione. Altri si preoccupano di organizzare in associazioni le diverse categorie di operai, le aiutano con consigli e con mezzi, procurano loro lavoro onesto e fruttuoso.

I vescovi, da parte loro, incoraggiano questi sforzi e li mettono sotto il loro alto patrocinio: sotto la loro dipendenza, membri del clero, tanto secolare che regolare, si dedicano in gran numero agli interessi spirituali degli associati.

Non mancano finalmente cattolici che, dotati di abbondanti ricchezze, ma diventati in qualche modo compagni volontari dei lavoratori, non risparmiano spese per fondare e diffondere largamente associazioni che aiutino l'operaio non solo a provvedere con il suo lavoro ai bisogni presenti, ma anche ad assicurarsi per l'avvenire un riposo tranquillo e onorato.

I vantaggi che tanti e così volenterosi sforzi hanno recato al pubblico bene sono così noti che non è necessario parlarne. Ciò è per Noi di felice auspicio per l'avvenire, e Noi Ci ripromettiamo da queste associazioni i più notevoli frutti, purché esse continuino a svilupparsi e siano saggiamente ordinate. Lo Stato difenda queste associazioni legittime; non si intrometta però nella loro interna organizzazione e disciplina; perché il movimento vitale nasce essenzialmente da un principio interno e soffoca facilmente sotto l'azione di una causa esterna.

42. *La loro organizzazione*

Questa saggia organizzazione e disciplina è assolutamente necessaria perché vi sia unità di azione e di indirizzo. Se dunque, come è certo, i cittadini sono liberi di associarsi, devono essere liberi anche di darsi gli statuti e i regolamenti che loro sembrano più adatti allo scopo che vogliono raggiungere. Come devono essere questi statuti e questi regolamenti? Noi crediamo che non sia possibile dare norme certe e precise per determinare i dettagli; tutto dipende dall'indole di ciascun popolo, dall'esperienza e dall'uso, dalla quantità e dalla produttività dei lavori, dallo sviluppo commerciale, e da altre circostanze di cui la prudenza deve tener conto.

Quel che si può dire, in generale, è che si deve prendere come regola universale e costante di organizzare e governare le associazioni degli operai in modo che esse forniscano a ciascuno dei loro membri i mezzi più adatti ed efficaci a raggiungere lo scopo prefisso, che consiste nell'aumento più grande possibile del benessere fisico, economico, morale.

È evidente poi che bisogna aver di mira, come scopo principale, il perfezionamento religioso e morale; è soprattutto questo scopo che deve regolare tutto l'andamento di queste associazioni; altrimenti, esse degenererebbero presto e cadrebbero, senza dubbio, sul piano delle associazioni in cui la religione non c'entra per nulla. Del resto, che cosa gioverebbe all'operaio aver trovato nella associazione l'abbondanza materiale, se la mancanza di alimenti spirituali ne mettesse in pericolo la salvezza dell'anima? « Quale vantaggio infatti avrà l'uomo se guadagnerà il mondo intero, e poi perderà la propria anima? »[37]. Questo, secondo l'insegnamento di Gesù Cristo, è il carattere che distingue il cristiano dal pagano: « Di tutte queste cose si preoccupano i pagani... Cercate prima il regno di Dio e la sua giustizia, e tutte queste cose vi saranno date in aggiunta »[38].

[37] *Mt* 16, 26; *Mc* 8, 36.
[38] *Mt* 6, 32-33.

Così dunque, dopo aver preso Dio come punto di partenza, si dia una larga parte all'istruzione religiosa, affinché ciascuno conosca i propri doveri verso Dio; sappia bene ciò che deve credere, sperare e fare per salvarsi; e sia ben premunito contro gli errori e le seduzioni del vizio. Si porti l'operaio al culto di Dio, si stimoli in lui lo spirito di pietà, lo si renda soprattutto fedele all'osservanza delle domeniche e dei giorni di festa. Impari a rispettare e ad amare la Chiesa, comune madre di tutti i cristiani; ad obbedire ai suoi precetti, a frequentare i suoi sacramenti che sono sorgenti divine in cui l'anima si purifica dai peccati e si santifica.

43. *Il loro funzionamento*

Posta la religione come fondamento di tutte le leggi sociali, non è difficile determinare le mutue relazioni che devono correre tra i membri per ottenere la pace e la prosperità della associazione.

Le diverse funzioni devono essere ripartite nella maniera più vantaggiosa per gli interessi comuni e in modo che la diversità non sia di danno alla concordia. Importa moltissimo che gli incarichi siano distribuiti con intelligenza e siano chiaramente definiti. Gli averi comuni della associazione siano amministrati con onestà e i soccorsi vengano distribuiti a ciascuno secondo i bisogni.

I diritti e i doveri dei padroni siano perfettamente armonizzati con i diritti e i doveri degli operai.

Quando poi gli uni o gli altri si ritengono lesi, è desiderabile che trovino nella stessa associazione uomini retti e competenti, al cui giudizio, in forza degli statuti, debbano sottomettersi.

Si dovrà ancora provvedere che all'operaio non machi mai il lavoro, e che ci siano fondi disponibili per venire in aiuto di ciascuno, non solamente nelle improvvise e fortuite crisi dell'industria, ma anche nei casi di infermità, di vecchiaia, di infortuni.

Se questi statuti sono accettati di buon animo, bastano ad assicurare il benessere materiale e morale alle classi più deboli.

Ma le associazioni cattoliche sono chiamate ancora a recare il loro buon influsso sull'andamento della prosperità generale. Dal passato possiamo senza temerità prevedere l'avvenire. Infatti le generazioni si succedono; ma le pagine della loro storia si rassomigliano grandemente, perché gli avvenimenti sono governati da quella Provvidenza la quale dirige e fa convergere tutte le umane vicende verso il fine che Dio si è prefissato creando l'umanità.

Noi sappiamo che, nei primi tempi della Chiesa, si puntava a disonore dei cristiani il fatto che in massima parte vivessero di elemosine o di lavoro. Ma, poveri e deboli com'erano, riuscirono a conciliarsi le simpatie dei ricchi e la protezione dei potenti. Era bello vederli attivi, laboriosi, pacifici, modelli di giustizia e soprattutto di carità. Allo spettacolo di una vita così perfetta e di costumi così puri, tutti i pregiudizi scomparvero, il sarcasmo cessò e le menzogne di una superstizione inveterata lasciarono il posto alla verità cristiana.

44. *La loro utilità per tutta la società*

Si agita oggi la questione operaia, la cui buona o cattiva soluzione è di grandissimo interesse per lo Stato. Gli operai cristiani la risolveranno bene se, uniti in associazioni e guidati da una direzione prudente, si metteranno per quella stessa strada su cui i loro padri trovarono la salvezza propria e dei popoli. Perché qualunque sia negli uomini la forza dei pregiudizi e delle passioni, se una volontà perversa non ha spento del tutto il sentimento del giusto e dell'onesto, presto o tardi la benevolenza pubblica si volgerà verso questi operai, che si vedono laboriosi, moderati, che mettono l'onestà al di sopra del guadagno e la coscienza del dovere prima di ogni altra cosa.

Ne verrà un altro vantaggio, cioè la speranza e la facilità di ravvedimento per quegli operai che vivono nel disprezzo della fede cristiana o in abitudini in contrasto con essa. Il più delle volte costoro capiscono bene di essere stati ingannati da false speranze, da vane illusioni. Sentono che sono trattati in modo inumano da avidi padroni e quasi non valutati più di quello che producono lavorando; che nelle associazioni in cui si trovano irretiti regnano, invece della carità e dell'amore fraterno, le discordie intestine, compagne inseparabili della povertà orgogliosa e incredula. Affranti nel corpo e nell'animo, molti di loro vorrebbero scuotere un giogo così umiliante. Ma, o per rispetto umano, o per timore della miseria, non osano. Ebbene, per tutti questi operai le associazioni cattoliche possono essere di una meravigliosa utilità se inviteranno gli esitanti a cercare al loro interno un rimedio ai propri mali, e se accoglieranno quelli che si ravvedono, offrendo ad essi aiuto e protezione.

Esortazione finale

45. *La carità, cuore della giustizia*

Ecco, venerabili Fratelli, da chi e in che modo si deve concorrere alla soluzione di questo problema tanto difficile. Che ciascuno faccia la parte che gli spetta, e senza indugi, perché il ritardo potrebbe rendere incurabile un male già tanto grave. I governanti vi si adoperino con buone leggi e provvedimenti; i capitalisti e i padroni abbiano sempre presenti i loro doveri; gli operai, la cui sorte è in gioco, difendano i loro interessi con mezzi legittimi; e poiché come abbiamo detto da principio, il vero e radicale rimedio non può venire che dalla religione, si convincano tutti della necessità di tornare alla vita cristiana, senza la quale gli stessi mezzi suggeriti dalla prudenza umana come i più efficaci saranno poco adatti a produrre risultati salutari.

Quanto alla Chiesa, essa non lascerà mai mancare l'opera sua, e quest'opera sarà tanto più efficace quanto più sarà libera: e di questo devono assolutamente persuadersi coloro che hanno il dovere di provvedere al bene dei popoli. I ministri sacri impieghino tutte le forze del loro animo e la generosità dello zelo, e, guidati dall'autorità e dall'esempio vostro, venerabili Fratelli, non si stanchino di inculcare agli uomini di tutte le classi le norme evangeliche della vita cristiana; lavorino con tutte le loro forze alla salvezza dei popoli, soprattutto alimentino in sé e accendano negli altri, nei grandi e nei piccoli, la carità, signora e regina di tutte le virtù.

Perché la salvezza desiderata dev'essere soprattutto il frutto di una grande effusione di carità; intendiamo di quella carità cristiana che compendia in sé tutto il Vangelo e che, pronta sempre a sacrificarsi per il prossimo, è il rimedio più sicuro contro l'orgoglio e l'egoismo del mondo: virtù di cui san Paolo tratteggiò i lineamenti con quelle parole: « La carità è

[39] *1 Cor* 13, 4-7.

paziente, è benigna; la carità non cerca il proprio interesse; tutto copre; tutto sopporta»[39].

Come pegno dei favori divini e in testimonianza della Nostra benevolenza, Noi impartiamo di cuore a ciascuno di voi, venerabili Fratelli, al vostro clero e ai vostri fedeli, la benedizione apostolica nel Signore.

Dato a Roma, presso San Pietro, il 15 maggio 1891, anno decimoquarto del Nostro pontificato.

LE TAPPE PIÙ SIGNIFICATIVE D'UN CAMMINO CHE DURA DA CENTO ANNI

« Da Leone XIII fino a oggi si deve evidenziare che l'insegnamento sociale della Chiesa non è da considerarsi come se fosse stato elaborato da un solo pontefice, una volta per sempre; va invece esaminato nella sua progressiva enucleazione ad opera di apporti sempre nuovi dei pontefici che si sono succeduti l'uno all'altro, in questo secolo. Apporti in virtù dei quali la dottrina si viene sviluppando dal di dentro di se stessa come un seme che diviene virgulto e quindi pianta sempre più vigorosa. Nel loro insegnamento quei pontefici, sollecitati dalle situazioni storiche che si venivano via via creando, ponevano sempre più l'accento sulla dignità della persona umana proclamandola soggetto di diritti inviolabili in campo sociale, economico, politico, culturale, morale e religioso ».

Queste sagge indicazioni del cardinale Pietro Pavan[1] accompagnino, come utile chiave di lettura, il lettore che voglia farsi una sia pur sommaria idea di quel « Vangelo sociale » che i papi sono venuti scrivendo pagina dopo pagina, quasi giorno dopo giorno, nei cent'anni che vanno dal 1891 al 1991.

Volutamente schematiche perché siano anche graficamente eloquenti, spesso ridotte a semplice elencazione di tematiche, a successione di titoli e a sottolineature di elementi di novità, le pagine che seguono vogliono documentare il progressivo dilatarsi degli orizzonti, l'infittirsi dei passi e l'invigorirsi della voce della Chiesa che vuol farsi voce di chi non ha voce, attestando — pur nella quasi generale distrazione — che:

« con tutta la sua dinamica l'insegnamento sociale della Chiesa accompagna gli uomini confrontati con problemi che appaiono inediti per la loro ampiezza e per la loro urgenza. Tale insegnamento si sviluppa attraver-

[1] P. Pavan, *Dalla Rerum Novarum alla Mater et Magistra*, Roma 1962, p. 7.

so una riflessione condotta a contatto con le situazioni mutevoli di questo mondo, sotto l'impulso del Vangelo come fonte di rinnovamento, allorché si accetta il suo messaggio nella sua totalità e nelle sue esigenze. Si sviluppa altresì mediante la sensibilità propria della Chiesa, rafforzata da una volontà disinteressata di servizio e dall'attenzione ai più poveri. Attinge infine a una ricca esperienza secolare che gli permette di assumere, nella continuità delle sue preoccupazioni permanenti, l'innovazione ardita e creatrice richiesta dalla presente situazione del mondo » (Paolo VI, *Octogesima adveniens,* 42).

Pio XI (1922-1939)

Quadragesimo anno (15 maggio 1931) enciclica sulla restaurazione dell'ordine sociale secondo le norme del Vangelo, nella ricorrenza del XL della *Rerum Novarum*.

Quella che per Leone XIII, anche se cruciale, era una questione settoriale, agli occhi di Pio XI ha già assunto dimensioni globali: quarant'anni di distanza, la Chiesa si sente chiamata a recare il suo insostituibile contributo non solo alla soluzione della « questione operaia », bensì alla delineazione d'un « nuovo ordinamento della vita economica » alla luce dei principi cristiani.

L'apporto dottrinale di questo documento si compendia in tre parti.

1. Sciogliendo *tre dubbi* sorti tra gli stessi cattolici, una prima parte reca tre precisazioni importanti:

a. si riafferma il carattere di *diritto naturale* della *proprietà privata,* ma se ne accentua la dimensione *sociale* e la rispettiva funzione;

b. si respinge la tesi che il regime salariale sia *ingiusto* per sua natura, ma – riprendendo la programmatica asserzione della *Rerum Novarum* « né il capitale può stare senza il lavoro, né il lavoro senza il capitale » – si afferma che « è opportuno *temperare* il contratto di lavoro con elementi desunti dal contratto di società, in maniera che gli operai diventino cointeressati o nella proprietà o nell'amministrazione o compartecipi in certa misura dei lucri percepiti »;

c. circa il comportamento dei cattolici nei confronti d'una forma di socialismo moderato, si ribadisce che tra comunismo e cristianesimo l'opposizione è *radicale.*

2. Nella seconda parte, si evidenziano i *grandi mutamenti* intervenuti nella situazione storica nei quarant'anni passati: alla libertà di mercato è sottoentrata l'egemonia economica; alla bramosia del lucro è seguita la sfrenata cupidigia del predominio; tutta l'economia è così divenuta terribilmente dura, inesorabile, crudele, determinando l'asservimento dei poteri pubblici agli interessi di gruppo e sfociando nell'imperialismo internazionale del denaro.

Il *rimedio* proposto da Pio XI è enunziato nei seguenti termini: è necessario che l'economia abbia a regolarsi secondo un vero ed efficace suo principio direttivo; è necessario che alla giustizia sociale si ispirino le istituzioni dei popoli, anzi di tutta la vita della società; e più ancora è necessario che questa giustizia sia davvero efficace, ossia costituisca un ordine giuridico e sociale cui l'intera economia si conformi.

3. Alla *restaurazione dei corpi professionali* è dedicata la terza parte dell'enciclica (unico, e ben presto abbandonato, tentativo di delineazione d'una « terza via »). Uomo concreto quant'altri mai, Pio XI non intende riesumare le antiche corporazioni nelle loro ormai superate prerogative; è però convinto che una ricompattazione sociale organicamente articolata avrebbe felici conseguenze: in campo *politico,* i corpi professionali allevierebbero lo Stato dalla cura degli interessi professionali, dandogli agio e mezzi per svolgere il suo ruolo superiore; in campo *sociale,* non solo distruggerebbero l'antagonismo di classe, ma contribuirebbero alla elevazione materiale e morale dei gruppi professionali; in campo *economico* eviterebbero la concorrenza sfrenata e la dittatura finanziaria, e renderebbero possibile la penetrazione dei principi morali di giustizia e carità. (Purtroppo, come i meno giovani facilmente immaginano, all'idealismo del Pontefice nuocevano le concomitanti sperimentazioni di tipo fascista o parafascista).

La trilogia della Passione (marzo 1937)

La *Civiltà Cattolica,* con eloquente formula, definì la « trilogia della Passione », il complesso dei tre documenti di denuncia emanati da Pio XI nel periodo liturgico che (allora) si denominava « tempo di Passione », vale a dire le ultime due settimane della Quaresima.

A. Domenica 14 marzo, infatti usciva l'enciclica *Mit Brennender Sorge* (= Con bruciante preoccupazione), redatta direttamente in lingua tedesca, dettata da suprema ansia per la Chiesa di Germania la cui fede e fedeltà erano insidiate dall'ideologia razzista e dai metodi totalitari del nazionalsocialismo. Oltre che per la vibrante denuncia dell'*antisemitismo,* e per la condanna d'ogni forma di *razzismo,* quel documento segna un punto di rilievo nella elaborazione della dottrina sociale della Chiesa, in quanto afferma in maniera esplicita che

– l'uomo, in quanto persona, possiede diritti dati da Dio che devono essere tutelati da qualsiasi attentato della comunità che volesse negarli o abolirli o impedirne l'esercizio;

– la società è a servizio dell'uomo; essa è voluta dal Creatore come mezzo per il pieno sviluppo della persona; la società ha come scopo ultimo l'uomo e il suo perfezionamento naturale e soprannaturale;

– il vero bene comune, in ultima analisi, viene conosciuto e determinato mediante la natura dell'uomo con il suo armonico equilibrio tra diritto personale e legame sociale.

B. *Divini Redemptoris* (19 marzo 1937) enciclica sul comunismo ateo e sulla opposta luminosa e feconda dottrina sociale cristiana.

1. Articolata in tre parti (atteggiamento della Chiesa di fronte al comunismo; dottrina e frutti del comunismo; opposta luminosa dottrina della Chiesa) di questa enciclica si evidenzia, abitualmente, ma a torto, unicamente il *contenuto negativo,* vale a dire la sua lucida denuncia del comunismo in quanto inconciliabile col cristianesimo perché – per affermare l'uomo, nega l'esistenza di Dio; – proclama il primato della materia; – spoglia l'uomo della sua libertà e dignità morale annegandolo nell'« io collettivo »; – fa del matrimonio e della famiglia il portato d'un determinato rapporto economico; – riduce la società a collettività senz'altra gerarchia che quella del sistema economico.

2. Della *Divini Redemptoris* andrebbe invece rivalutato il *contenuto positivo,* che è straordinariamente ricco e sorprendentemente attuale: basti accennare alla dottrina sulla giustizia sociale, alla necessità di sostituire alle « strutture d'ingiustizia » auten-

tiche « strutture di giustizia » (quali il contratto collettivo di lavoro, il sistema di previdenza sociale, le forme concrete di attuazione degli assegni familiari, parti integranti del salario ecc.).

E non hanno perso di vigore e di attualità certe rampogne che Pio XI, ormai prossimo alla morte, non riesce a trattenere: « Non vi sarebbe né socialismo né comunismo, se coloro che governano non avessero disprezzato gli insegnamenti e i materni avvertimenti della Chiesa »; così come i severi moniti rivolti a « certi ambienti cattolici il cui agire ha contribuito a scuotere la fiducia dei lavoratori nella religione di Gesù Cristo » nonché a coloro che non vogliono capire che la carità cristiana esige il riconoscimento di certi diritti spettanti per giustizia all'operaio e che la Chiesa ha esplicitamente riconosciuto.

C. Ultima della trilogia, la lettera apostolica *Nos es muy conocida* (= È a noi ben nota la vostra costanza nella persecuzione), redatta direttamente nella lingua parlata dai cattolici messicani, fu pubblicata il giorno di Pasqua, il 28 marzo del 1937.

Come le altre due, essa costituisce un'aperta denuncia del totalitarismo statale (il famoso Calles amava dichiarare che « il Governo deve entrare nelle coscienze e prenderne possesso ») e merita d'essere segnalata quale pietra miliare sul cammino della composizione della dottrina sociale. È in queste pagine che, tra altro, si afferma che

– non si giunge alle anime se non mediante il *sollievo delle miserie corporali* e delle necessità economiche;

– il bene comune impone talvolta delle *restrizioni* ai diritti primari, ad es. quello di proprietà, e un ricorso più frequente alle applicazioni della giustizia sociale;

– i cittadini hanno il *diritto di resistenza* (inclusa la revoca) nei confronti di poteri costituiti che violano la giustizia e la verità al punto da distruggere la legittimità della autorità di cui sono investiti (naturalmente, il Papa subordina l'esercizio di tale diritto a certe condizioni).

Le tre solenni prese di posizione contro le ideologie e i regimi totalitari del marzo 1937 avevano avuto un celebre prodromo, il 29 giugno del 1931, nell'enciclica *Non abbiamo bisogno*, il cui sottotitolo – « per l'Azione Cattolica » – non deve trarre in inganno: si trattava infatti d'una coraggiosa *denuncia della statolatria* instaurata dal fascismo, che mirava a confiscare gli spiriti, in particolare gli animi dei fanciulli e degli adolescenti. Emessa direttamente in italiano, affinché ai destinatari giungesse più diretta e più chiara, essa fa perno sulla liberatoria asserzione cristiana: *la persona è anteriore e superiore allo Stato.*

Pio XII (1939-1958)

La cristallina affermazione della centralità della persona umana, *fondamento, centro e fine di ogni forma di vita sociale,* soggetto di diritti e di doveri inalienabili, inviolabili e universali, costituisce il punto nodale del ventennale magistero sociale di Pio XII, stupefacente e aggiornatissima riedizione delle celebri « summae » medievali.

A. Magistero sociale copiosissimo ed espletato soprattutto a mezzo di radiomessaggi, alcuni dei quali, per ricchezza, lucidità e autorevolezza, possono essere considerati delle piccole encicliche.

1. *Radiomessaggio per la Pentecoste* (1 giugno 1941) per ricordare il cinquantesimo annuale della *Rerum Novarum* di Leone XIII, dal cui robusto tronco Pio XII coglie soprattutto tre frutti vale a dire i tre valori fondamentali che s'intrecciano, si saldano, si aiutano e si arricchiscono a vicenda:

a. *l'uso dei beni materiali,* che è in rapporto di priorità nei confronti di ogni altro diritto a contenuto economico;

b. *il lavoro,* che è diritto e dovere dei singoli esseri umani;

c. *la famiglia,* a tutela del cui spazio vitale ha da volgersi l'intera società.

2. *Radiomessaggi natalizi:* alla vigilia di ogni Natale, lungo tutto l'arco della seconda guerra mondiale (1939-1945), Pio XII si rivolgeva al mondo, via radio, per inculcare le grandi linee d'un nuovo ordine giuridico, sociale ed economico, nazionale e internazionale, che eliminasse la guerra e stabilisse i popoli e le nazioni nella giustizia e nella pace (« *opus justitiae pax* » era il motto del Papa). Bastino fuggevoli accenni:

Natale 1939: i punti fondamentali per la pacifica convivenza dei popoli.

Natale 1940: i presupposti per il nuovo ordinamento europeo.

Natale 1941: i cinque pilastri del nuovo ordine internazionale:
1. libertà e sicurezza dei popoli
2. tutela delle minoranze
3. equa ripartizione delle materie prime
4. disarmo e patti internazionali
5. libertà religiosa e rispetto dei valori morali.

Natale 1942: le « cinque stelle » costitutive della nuova costellazione della pace intesa quale convivenza nell'ordine e nella prosperità:
1. la stella della dignità e dei diritti della persona umana
2. la stella della stima e della difesa della famiglia
3. la stella della promozione del lavoro
4. la stella del ristabilimento dello Stato di diritto
5. la stella dell'ispirazione cristiana dello Stato.

Natale 1943: la luce di Betlemme ai delusi, ai desolati e ai fedeli.

Natale 1944: il problema della *democrazia*:

> « Sintesi architettonica, salda e luminosa, come un edificio della Rinascenza: in essa la democrazia è elevata a dignità nuova, apparendovi come il sistema razionale, umano, più completo e nobile per il governo dei popoli; come effetto della reazione salutare alla dittatura e a quel prodotto della dittatura che è stata la guerra; la democrazia vi appare come il regime della pace e del lavoro, della libertà e della moralità; cittadini e governanti vi sono situati in rapporti che escludono definitivamente l'insofferenza degli uni e lo sfruttamento degli altri, essendo rapporti di collaborazione e di servizio » (I. Giordani).

B. Tra gli innumerevoli *Discorsi* di taglio sociale di Pio XII, segnaliamo:

– sulla missione della *donna* (21 ottobre 1945)

– direttive ai *sindacalisti* cristiani e alle ACLI (11 marzo 1945)

– direttive ai *padroni* cattolici sulle riforme di struttura (7 maggio 1949 e 3 giugno 1950: presa di posizione dottrinale – e negativa – sul diritto di cogestione economica).

C. Si è soliti asserire che Pio XII non ha emanato encicliche sociali; il che è solo parzialmente vero. A onore di quel grande pontefice si devono evidenziare *due fondamentali affermazioni*, la cui portata dottrinale è venuta via via ingigantendo ai nostri giorni, contenute nelle due prime encicliche di Papa Pacelli:

1. La prima affermazione riguarda il rapporto tra umanità e beni economici: « Dio ha destinato *la terra e tutto quello che essa contiene all'uso di tutti gli uomini e di tutti i popoli*, e pertanto i beni creati debbono, secondo un equo criterio, essere *partecipati a tutti*, essendo guida la giustizia e accompagnando la carità ».

Riassunta in seguito nell'incisiva formula « destinazione universale dei beni », questa indicazione di fondo era stata enunciata da Pio XII nell'enciclica *Sertum laetitiae* (1 novembre 1939), indirizzata all'episcopato nordamericano.

2. La seconda riguarda l'unità di fondo del genere umano: « *Il genere umano*, pur suddividendosi in *gruppi* sociali, *nazioni* e *stati*, forma una *sola ed unica famiglia umana e aspira all'unità giuridica e politica* ».

Fatta nell'enciclica *Summi pontificatus* (20 ottobre 1939), emanata alle soglie della seconda guerra mondiale, quell'affermazione si rivela veramente profetica non solo di tutto il pontificato pacelliano, ma degli sviluppi del pensiero e dell'azione dell'intera Chiesa fino ad oggi, in consonanza con il cammino dei popoli.

Giovanni XXIII (1958-1963)

Mentre preannuncia, prepara, e finalmente apre il Concilio Vaticano II, Papa Giovanni emana due grandi encicliche sociali: la *Mater et Magistra*, nel settantesimo annuale della *Rerum Novarum*, nell'intento di enucleare ulteriormente il pensiero della Chiesa in ordine alle dimensioni internazionali assunte dalla questione sociale, e la *Pacem in terris* nel desiderio di offrire a tutti gli uomini di buona volontà una visione alternativa di pace.

A. *Mater et Magistra* (15 maggio 1961): perspicace lettura dei nuovi contesti su due grandi scenari.

1. Protagonista del primo scenario è la *persona umana* (in primo luogo la persona immersa nel lavoro) colta nei *cinque rapporti* che scandiscono la sua esistenza quotidiana:

a. la persona vista in relazione al *sistema economico*, basato sul libero mercato o sull'intervento più o meno pianificato dello Stato;

b. la persona nel dedalo della *socializzazione*, accresciuta tendenza associativa, fenomeno tipico dei nostri tempi;

c. la persona nelle sue esigenze di giustizia ed equità in riguardo alla *rinumerazione* della sua attività;

d. la persona colta nel reticolato delle *strutture*: produttive, sociali, sindacali, politiche, ricreative, culturali;

e. la persona di fronte alle *trasformazioni* subite dalla *proprietà*, sia privata sia pubblica.

2. Protagonista del secondo scenario è la *società* coi suoi cinque *squilibri*:

a. lo squilibrio vigente fra i *tre settori della produzione*: economia agricola, apparato tecnico-industriale, complesso dei servizi;

b. lo squilibrio che, all'interno di ogni comunità politica, oppone *zone più ricche a zone sfavorite;*

c. lo squilibrio che, a dimensione planetaria, contrappone *paesi economicamente avanzati a paesi in via di sviluppo* e a zone economicamente arretrate;

d. lo squilibrio che caratterizza l'esplosione *demografica* di molte parti della Terra, e la concreta *possibilità* di nutrire, vestire, alloggiare, istruire, e occupare codesti « abitanti supplementari del globo »;

e. lo squilibrio che contrappone il progresso *tecnico* (« che è diventato un gigante », per dirla con Pio XII) e il progresso *morale* dell'umanità (« che è rimasto un pigmeo »).

3. Tanto alla singola persona, quanto alle nazioni, per la soluzione dei rispettivi problemi, l'enciclica ricorda, in un'ampia, efficace conclusione dottrinale, che *la Chiesa è portatrice e banditrice d'una concezione sempre attuale della convivenza*. Principio fondamentale di tale concezione è che i singoli esseri umani costituiscono il fondamento, il fine e i soggetti di tutte le istituzioni in cui si esprime e si attua la vita sociale. Da quel

principio fondamentale, il Magistero della Chiesa ha enucleato una « *dottrina sociale la quale è parte integrante della concezione cristiana della vita*; è dunque indispensabile che i cristiani si facciano un dovere di *conoscerla*, *diffonderla* e *metterla in pratica* ».

B. *Pacem in terris* (11 aprile 1963). Questa enciclica è stata definita, con felice intuizione, *la IX Sinfonia della pace*, ed effettivamente essa modula in cinque parti – corrispondenti ai quattro movimenti più il coro finale della sinfonia di Beethoven – la propria risposta alla serie di « segni dei tempi » nei quali l'umanità va traducendo le sue aspirazioni alla pace.

1. Il primo movimento è costituito dalla solenne enunciazione della « *Carta papale* » *dei diritti e dei doveri della persona umana*: base granitica della pace universale.

2. Il secondo movimento addita nella creazione, nel riconoscimento e nel funzionamento dello *Stato di diritto* la garanzia della pace all'interno di ogni comunità politica.

3. Il terzo movimento, orchestrando le quattro fondamentali note – *verità, giustizia, solidarietà* e *libertà* – suggerisce i criteri per una duratura pace tra le nazioni.

4. Il quarto movimento contiene un'accorata invocazione a semplici cittadini e ai governi degli Stati perché si decidano a dar vita a quel *governo mondiale* che l'unità della famiglia umana attende e implora come garante di vera pace.

5. Il coro finale addita nel *dialogo* sincero e fecondo la radice e la salvaguardia della pace, ricordando che occorre distinguere tra errore ed errante e che vale sempre la pena di far leva più su ciò che unisce che non su quel che divide.

Concilio Vaticano II (1962-1965)

Per la prima volta, sull'arco dei venti secoli della storia della Chiesa, un Concilio Ecumenico ha fatto oggetto delle proprie deliberazioni « le gioie e le speranze, le tristezze e le angosce degli uomini, dei poveri soprattutto e di tutti coloro che soffrono »; e lo ha fatto con un documento che si colloca tra i più rilevanti testi conciliari anche da un profilo dottrinale oltre che da quello pastorale: si tratta della costituzione pastorale su « La Chiesa nel mondo contemporaneo », *Gaudium et spes* (7 dicembre 1965).

Gaudium et spes consta di due parti, alquanto differenti tra di loro: librantesi nella sfera dei grandi principi la prima, esistenzialmente incarnata nel dedalo dei problemi quotidiani di singoli e di popoli la seconda:

– parte prima: *La Chiesa e la vocazione dell'uomo*

cap. 1 La dignità della persona umana
cap. 2 La comunità degli uomini
cap. 3 L'attività umana nell'universo
cap. 4 La missione della Chiesa nel mondo contemporaneo;

– parte seconda: *Alcuni problemi più urgenti*

cap. 1 Dignità del matrimonio e della famiglia e sua valorizzazione.
cap. 2 La promozione del progresso della cultura
cap. 3 La vita economico-sociale
cap. 4 La vita della comunità politica
cap. 5 La promozione della pace e della comunità dei popoli.

Come si nota, il Concilio tratta esplicitamente dei problemi economico-sociali al c. 3 della seconda parte (riaffermando e approfondendo i principi delineati dai precedenti documenti del Magistero a partire da Leone XIII) quanto alla connessione tra vita economico-sociale e *fini* umani, sia individuali sia sociali; quanto all'*autonomia* propria dell'attività economica che va svolta secondo proprie leggi, ma ovviamente entro un preciso ordine morale; quanto al *primato* della persona umana in un'economia realizzata sotto il controllo dell'uomo e a servizio dell'uomo: in funzione, cioè, di tutti gli uomini, superando ogni tipo di disparità; quanto alla sottolineatura della concezione *comunitaria* anche della vita economico-sociale subordinata alle esigenze del bene comune; quanto, infine, al crescente profilo *internazionale* dell'attività economico-sociale e alla connessione inscindibile degli aspetti interni ed internazionali di ciascun problema.

Paolo VI (1963-1978)

Paolo VI è il Papa che non tralascia occasione per sottolineare che la questione sociale ha ormai assunto *dimensioni mondiali* e che una delle sue note salienti è che la « coscienza politica mondiale » non intende più tollerare un « ordine » internazionale basato su « disordine » costituito dalle disparità fra tenore di vita da nazione e nazione, economia ed economia: disparità che finiscono per collocare gli esseri umani, uguali agli occhi di Dio, in due o più differenti e opposte categorie: quelli che hanno e quelli che non hanno, o meglio, quelli che « sono uomini » e quelli che « uomini non sono ».

A. *Popolorum progressio* (27 marzo 1967) è l'enciclica che affronta il problema del « processo cumulativo » che si verifica allorché i rapporti di scambio si instaurano fra economie assai diverse per grado di sviluppo: la tendenza che si registra non è quella della riduzione della distanza, bensì quella opposta dell'accentuazione della distanza stessa.

L'enciclica si divide in due parti.

1. La prima ha come titolo *Lo sviluppo integrale dell'uomo* ed è fondamentale per capire la seconda: sarebbe infatti un'illusione parlare di sviluppo dei popoli se precedentemente non si sarà fatto ogni sforzo per promuovere adeguatamente ognuno dei membri da cui i popoli sono composti. È in questa prima parte che – oltre ad alcuni elementi dottrinali di rilievo, ad es. la « gerarchizzazione » dei tre principi che regolano l'uso e la proprietà dei beni economici – si trova un'articolata *definizione del vero sviluppo*, che consiste nel passaggio da condizioni meno umane a condizioni più umane, fino a sboccare addirittura nella contemplazione di Dio.

2. La seconda parte affronta, in tre sezioni, la tematica enunciata nel titolo generale, vale a dire *Lo sviluppo solidale dei popoli*.

a. Una prima sezione espone il dovere di *solidarietà* che lega tutti gli esseri umani (vi si trovano due pagine stimolanti sull'aggiornata concezione del *superfluo* nelle sue dimensioni collettive e mondiali).

b. Una seconda sezione tratta dei doveri di *giustizia* (mettendo particolarmente in crisi i superati, immorali schemi del puro liberoscambismo).

c. Una terza sezione tratteggia il dovere di *fraternità* (ove Paolo VI spezza più d'una lancia per rinnovati criteri di cooperazione interecclesiale, additando ai giovani – in primo luogo agli obiettori sinceri di coscienza – validi campi d'azione).

Come noto, l'enciclica termina proclamando che « *lo sviluppo è il nuovo nome della pace* ».

B. *Octogesima adveniens* (14 maggio 1971). Lettera apostolica (indirizzata, invece che a tutti i vescovi – il che ne avrebbe fatto, a rigor di termini, una enciclica – al cardinale M. Roy, presidente della pontificia Commissione « Justitia et Pax ») che, prendendo occasione dall'ottantesimo della *Rerum Novarum*, consente a Paolo VI di dare, per così dire, uno scossone alla tradizionale dottrina sociale della Chiesa. Come rileva C. Melzi[2], quasi tutti i documenti radunati sotto tale denominazione, nell'impostazione e nella problematica riflettevano infatti le preoccupazioni tipiche e le situazioni del mondo capitalistico occidentale; ciò perché fino alla metà del presente secolo, nessuno dubitava che il nodo da sciogliere fosse quello del conflitto tra capitale e lavoro, conflitto tipico, appunto, dell'occidente industrializzato. Il conflitto c'è ancora; ma ormai, sembra dire il Papa, esso sta lasciando progressivamente posto ad altri conflitti umani, anche più tragici, *i conflitti della società tecnologica e postmoderna*.

1. Detti conflitti sono elencati nella prima parte della *Octogesima adveniens* sotto il titolo generale di « nuovi problemi sociali ». Il fenomeno dell'urbanesimo e quello della nuova civiltà dell'immagine portano con sé nuove forme di sfruttamento e dominio che si affianca al potere economico, addirittura sopravanzandolo; nascono i « nuovi proletariati » e proliferano i « nuovi poveri » della società opulenta: delinquenti, drogati, criminali, deviati, minorati, disadattati, vecchi, emarginati d'ogni tipo; nasce la difficoltà del dialogo tra le generazioni, che minaccia di superare la violenza della lotta di classe dell'era industriale; si moltiplicano le forme di discriminazione razziale, culturale e religiosa; sotto la spinta di nuovi sistemi di produzione, si fendono le frontiere e appaiono le imprese multinazionali; la donna incontra nuovi ostacoli nella sua legittima ascesa sociale,

[2] Cfr. C. Melzi, *L'insegnamento della Chiesa per un'autentica testimonianza cristiana in campo sociale*, Vicenza 1973, p. 53 s.

politica e culturale; i diritti umani sono sempre più proclamati, ma sfacciatamente calpestati; partiti e sindacati faticano a mantenersi nei rispettivi legittimi ambiti; intanto lo sfruttamento scriteriato delle risorse del globo minaccia l'ambiente naturale e il suo contesto umano.

2. È trascorso esattamente mezzo secolo da quando Pio XI si era posto la questione se un *certo tipo di socialismo* poteva venire « battezzato », dandovi risposta negativa. Papa Paolo VI ritiene doveroso ritornare sull'argomento; lo fa nella *seconda* parte della lettera apostolica, nell'ambito di quell'opera di *discernimento* nei riguardi di *tutte le ideologie* cui egli invita i cristiani.

La lettera apostolica comincia con il riconoscere l'ambiguità del termine socialismo, con il quale oggi si indicano, in realtà, contenuti spesso assai diversi: « Secondo i continenti e le culture il "socialismo" assume forme diverse sotto uno stesso vocabolo » (n. 31). Ora, non c'è dubbio che in molti casi « esso è stato e resta ispirato da ideologie incompatibili con la fede ». È chiaro qui il riferimento a quei socialismi che tuttora rimangono arroccati su posizioni ideologiche marx-leniniste. Ma che cosa si deve dire delle varie forme di socialismo democratico che oggi rifiutano il marxismo delle origini? Ad esse la *Octogesima adveniens* applica la distinzione già fatta in linea di principio dell'enciclica *Pacem in terris*. Distingue, cioè, « tra i vari livelli a cui il socialismo si esprime ». Una valutazione prudente del diverso legame concreto che, secondo le circostanze di tempo e di luogo, si riscontra tra *ideologia socialista* (non accettabile in sé, come visione totale e autonoma dell'uomo), concrete *realizzazioni storiche del socialismo* (soggette a evoluzioni e mutamenti anche profondi, quindi anche accettabili) e la *lodevole aspirazione* a una giustizia maggiore, « permetterà ai cristiani di precisare il grado di impegno possibile in questa direzione, una volta assicurati i valori soprattutto di libertà, di responsabilità e di apertura allo spirituale che garantiscono lo sviluppo integrale dell'uomo » (n. 31).

3. Della terza parte dell'*Octogesima adveniens*, ci limitiamo ad evidenziare unicamente, anche per una certa nota di novità, la sottolineatura della « *priorità* » *del potere politico* su ogni altra forma d'azione in campo sociale; e soprattutto il vibrante appello di Paolo VI ai cristiani perché « prendano sul serio la poli-

tica nei suoi diversi livelli: locale, regionale, nazionale e mondiale », perché la politica « è una maniera esigente – anche se non la sola – di vivere l'impegno cristiano al servizio degli altri ».

C. *La giustizia nel mondo* (30 novembre 1971). Tra il 30 settembre e il 7 novembre 1971 il 3° Sinodo dei Vescovi, radunati a Roma, si pose dinanzi all'allucinante quadro delle ingiustizie del nostro mondo, alla ricerca d'un nuovo contributo da parte dei cristiani in vista dell'instaurazione di quella giustizia che è insieme attesa umana ed esigenza della coscienza illuminata dal Vangelo.

A conclusione dei lavori, con l'autorità di Paolo VI fu emanata una Dichiarazione finale « *Sulla giustizia nel mondo* ».

1. Essa dedica la sua prima parte e indagare le manifestazioni internazionali dell'ingiustizia; il risultato dell'analisi è condensato in un'affermazione di rilevante importanza dottrinale: le discriminazioni e gli squilibri di potere che oggi caratterizzano i rapporti tra individui, gruppi, classi sociali e popoli sono tali da rendere *la situazione del mondo strutturalmente ingiusta*. Di tale ingiustizia strutturale il Sinodo espone gli aspetti politici, culturali ed economici.

2. Nella seconda parte, la Dichiarazione sinodale passa ad esaminare questo « segno » del nostro tempo alla luce del Vangelo: e non esita a scorgere nell'ingiustizia strutturale un grave *peccato sociale*, che va combattuto sul piano sociale, con lo stesso impegno – anzi con lo stesso eroismo – con cui ogni cristiano è tenuto a combattere il peccato mortale nella propria vita personale.

3. Nella terza parte, la Dichiarazione elenca *quattro scelte operative concrete* che i cristiani sono chiamati a fare in risposta all'appello di Dio e dei fratelli: anzitutto, la Chiesa intende farsi esempio di giustizia, rivedendo la sua vita interna; in secondo luogo, vuol farsi promotrice d'un'azione a livello internazionale che spinga i responsabili a un'effettiva trasformazione strutturale dei rapporti per improntarli a vera giustizia; in terzo luogo, intende promuovere un dialogo culturale aperto a tutti gli uomini di buona volontà; infine, la Chiesa dichiara di volersi fare « voce di quanti nel mondo non hanno voce » per farsi ascoltare.

D. *Evangelii nuntiandi* (8 dicembre 1975). A coronamento del 4° Sinodo dei Vescovi, svoltosi nell'autunno del 1974 sul tema della ricerca di nuove più aggiornate vie per l'evangelizzazione della società moderna, Paolo VI pubblicava questa Esortazione apostolica il cui nucleo dottrinale può considerarsi una delle più ispirate ed esigenti pagine di dottrina sociale cristiana.

Incompleta e quindi illusoria, insegna il Pontefice, sarebbe un'evangelizzazione che non tenesse conto del reciproco appello che continuamente si fanno il Vangelo e la vita concreta, personale e sociale, dell'uomo. Per questo tra evangelizzazione e *promozione umana* ci sono profondi legami di ordine antropologico, di ordine teologico, ma soprattutto di ordine evangelico. Proprio per questo la Chiesa è convinta che l'evangelizzazione conferisce alle umane aspirazioni alla liberazione il senso più profondo, la portata autenticamente rivoluzionaria: i cristiani, infatti, si sforzano sempre d'inserire la lotta per la liberazione nel disegno globale della salvezza recata da Cristo. Una salvezza che non può non includere l'eliminazione di ogni forma d'ingiustizia, ma che nel contempo deve trascendere i traguardi meramente umani per puntare alla liberazione definitiva, eterna.

Giovanni Paolo II (1978-)

A. *Laborem exercens* (14 settembre 1981) enciclica sul lavoro umano: a novant'anni di distanza dalla *Rerum Novarum*, questo Papa slavo, che nella sua gioventù ha lavorato per alcuni anni in una miniera, sperimentando nella propria anima e nella propria carne quel regime socialista – che il venerando Papa Leone XIII non aveva esitato a denunziare come nemico del mondo del lavoro – ritiene che la più conveniente celebrazione della prima enciclica sociale consista in un approfondimento del significato stesso del lavoro umano. Esattamente come l'uomo, infatti, anche il lavoro può essere definito « l'eterno sconosciuto ».

L'enciclica *Laborem exercens* ha quindi il preciso scopo di farci meglio conoscere quel lavoro di cui è colma e traboccante l'esistenza quotidiana di ognuno di noi. In tale prospettiva, la possiamo vedere come una successione di quadri, ognuno dei quali intende illustrare un aspetto importante del lavoro.

1. Il primo quadro potrebbe intitolarsi: *il lavoro creato e creatore*. Il lavoro vi appare come *creato* da Dio e affidato all'uomo come « vocazione »; come caratteristica essenziale che distingue l'uomo dalle altre creature; come comandamento (è, anzi, il primo comandamento che s'incontra nella Bibbia!). Posto nelle mani dell'uomo, il lavoro diventa creatore: mediante il lavoro, infatti, prende il posto del Creatore non certo per creare l'universo, ma per dominarlo, cioè per completarlo, rifinirlo, esplorarlo, adornarlo.

Creatore il lavoro si manifesta anche perché esso spinge l'uomo a diventare sempre più uomo; gli fa crescere intorno la famiglia e l'intera società; lo adorna delle due virtù della laboriosità e della solidarietà.

2. Il secondo quadro potrebbe intitolarsi: *il lavoro alienato*. Il lavoro vi appare in preda al duplice, quasi inestricabile *conflitto*: il conflitto con il capitale, il conflitto con la proprietà.

3. Il terzo quadro – che intitoleremo *il lavoro riappropriato* – ci mostra il lavoro come sorgente di tutta una serie di *diritti* che non possono essere disattesi, e il cui sincero rispetto costituisce la condizione per la pace nel mondo.

4. L'ultimo quadro – noi lo intitoleremo *Il lavoro redento e redentore* – vuol presentare la dimensione spirituale della nostra attività quotidiana. Anche per i cristiani, il lavoro continua a costare fatica e a creare: ma noi crediamo che tale fatica e tale pena sono state attraversate dalla Morte e Risurrezione di Cristo: sono state redente, anzi sono ormai diventate il modo concreto perché ognuno di noi collabori all'estensione della redenzione all'intero universo.

B. *Libertà cristiana e liberazione*. Su mandato di Papa Giovanni Paolo II, la Congregazione romana per la Dottrina della Fede ha emanato, nel corso degli anni '80, due documenti dottrinali concernenti *sostanza* e *modalità* dell'azione a favore della giustizia da parte dei cristiani, con particolare riferimento alle comunità ecclesiali latino-americane. Si tratta dell'Istruzione *Libertatis Nuntius* (6 agosto 1984) su alcuni aspetti della « *Teologia della Liberazione* », nonché dell'Istruzione *Libertatis conscientia* (22 marzo 1986) su « *Libertà cristiana e liberazione* ».

Se con la prima Istruzione la competente autorità vaticana ha inteso mettere in guardia dal pericolo di deviazioni insito in taluni modelli di « teologia della liberazione » che si servivano con non adeguato spirito critico di concetti e schemi mutuati da questa o quella corrente marxista; con il secondo documento la Congregazione ha inteso fornire validi criteri per « la nobile lotta a favore della liberazione umana », ribadendo non solo la *legittimità*, bensì la *doverosità* per tutti i cristiani della « *scelta preferenziale per i poveri* », precisando in che senso si debba parlare di « peccato sociale » e di « strutture segnate dall'ingiustizia ».

C. *Sollicitudo rei socialis* (30 dicembre 1987). Emanata nel ventesimo annuale della *Populorum progressio* di Paolo VI, la seconda enciclica sociale di Giovanni Paolo II si presenta come un modello di dottrina sociale della Chiesa, vale a dire « un insieme di principi di riflessione, di criteri di giudizio e di direttive d'azione, volti a interpretare il comportamento umano e a orientare l'azione dei cristiani », a proposito del palpitante e, almeno apparentemente, contraddittorio tema dello sviluppo dei popoli del quale l'enciclica offre *cinque distinte letture*.

1. La prima è una *lettura evocativa*: si rifà alla novità del documento di Paolo VI che aveva cercato di coniugare il fenomeno della planetarizzazione della questione sociale con le esigenze morali dell'interdipendenza.

2. La seconda lettura – di taglio *sociologico* – presenta lo sviluppo svisato e tradito, passando in rassegna sette carenze: il fossato tra popoli sviluppati e non è diventato una voragine; è nato un « quarto mondo »; crescente spregio dei diritti umani; due forme di sottosviluppo dei paesi ricchi: la crisi degli alloggi e la crescente disoccupazione giovanile; il congegno controproducente dell'indebitamento; l'ipertrofia da sovrasviluppo; la tentazione della codardia e della disperazione. Fortunatamente, il quadro non manca anche di talune note di speranza.

3. La terza lettura – *biblico-cristiana* – presenta lo sviluppo come una vera e propria vocazione per ogni uomo: vocazione che non è stata revocata dopo il peccato: vocazione di cui ognuno ha una responsabilità non solo personale e sociale, ma addirittura cosmica (si leggeranno con utilità le nuovissime pagine sul rispetto del creato).

4. Al centro della quarta lettura – lettura *teologica* – sta la lucida analisi delle « strutture di peccato » e la presenta-

zione della duplice virtù – umana e cristiana – della solidarietà come antidoto al male cristallizzato che va rimosso.

5. L'ultima lettura – *ecclesiale-pastorale* – dopo aver ribadito l'originalità dell'approccio mediante la dottrina sociale cristiana, ricorda i due punti-chiave della stessa – l'opzione preferenziale per i poveri e la destinazione universale dei beni economici – soffermandosi infine su quattro riforme necessarie a raggio mondiale: riforma del sistema internazionale del commercio; riforma del sistema monetario e finanziario mondiale; riforma dell'interscambio e dei trasferimenti di tecnologia; riforma delle Organizzazioni Internazionali.

A conclusione di questa rapida carrellata, attraverso la quale – se non pecchiamo d'eccessiva presunzione – il lettore ha potuto assistere alla proiezione del film d'un secolo di magistero sociale cristiano, non ci sembra fuori posto rilevare, con A. Lattuada, come nel modo d'intendere il rapporto tra fede cristiana e problemi storico-civili e politico-sociali proposto dal magistero romano, sia implicita una *determinata visione di Chiesa*. È senz'altro incompatibile con la sua visione una comunità esclusivamente o prevalentemente definita da funzioni di natura culturale, così da ridurre ad aspetto marginale o addirittura facoltativo l'interesse e l'impegno per i problemi sociali[3].

Noi, anzi, aggiungeremmo: la passione per la giustizia, l'ansia di solidarietà, il bisogno di dialogo.

[3] Cfr. A. LATTUADA, *Introduzione alla Sollicitudo rei socialis*, in «Rivista del Clero Italiano» 5 (1988), p. 325.

GIOVANNI PAOLO II «CENTESIMUS ANNUS»

Lettera enciclica del Sommo Pontefice Giovanni Paolo II ai venerati Fratelli nell'episcopato, al Clero, alle Famiglie religiose, ai Fedeli della Chiesa Cattolica e a tutti gli uomini di buona volontà nel centesimo della «Rerum Novarum»

Venerati Fratelli, carissimi Figli e Figlie, salute e Apostolica Benedizione!

INTRODUZIONE

1. Il centenario della promulgazione dell'Enciclica del mio predecessore Leone XIII di v.m., che inizia con le parole *Rerum Novarum*[1], segna una data di rilevante importanza nella presente storia della Chiesa ed anche nel mio pontificato. Essa, infatti, ha avuto il privilegio di esser commemorata con solenni Documenti dai Sommi Pontefici, a partire dal quarantesimo anniversario fino al novantesimo: si può dire che il suo iter storico è stato ritmato da altri scritti, che la rievocano ed insieme la attualizzano[2].

Nel fare altrettanto per il centesimo anniversario su richiesta di numerosi Vescovi, istituzioni ecclesiali, centri di studi, imprenditori e lavoratori, sia a titolo individuale che come membri di associazioni, desidero anzitutto soddisfare il debito di gratitudine che l'intera Chiesa ha verso il grande Papa e il suo «immortale Documento»[3]. Desidero anche mostrare che

1 LEONE XIII, Lett. Enc. *Rerum Novarum* (15 maggio 1891): *Leonis XIII P.M. Acta,* XI Romae 1892, 97-144.

2 PIO XI, Lett. Enc. *Quadragesimo anno* (15 maggio 1931): *AAS* 23 (1931), 177-228; PIO XII, Messaggio radiofonico del 1° giugno 1941: *AAS* 33 (1941), 195-205; GIOVANNI XXIII, Lett. Enc. *Mater et Magistra* (15 maggio 1961): *AAS* 53 (1961), 401-464; PAOLO VI, Epist. Ap. *Octogesima adveniens* (14 maggio 1971): *AAS* 63 (1971), 401-441.

3 Cfr. PIO XI, Lett. Enc. *Quadragesimo anno*, III, *l. c.*, 228.

la ricca linfa, che sale da quella radice, non si è esaurita col passare degli anni, ma *è* anzi *diventata più feconda*. Ne dànno testimonianza le iniziative di vario genere che hanno preceduto, accompagnano e seguiranno questa celebrazione, iniziative promosse dalle Conferenze episcopali, da Organismi internazionali, da Università ed Istituti accademici, da Associazioni professionali e da altre istituzioni e persone in tante parti del mondo.

2. La presente Enciclica partecipa a queste celebrazioni per ringraziare Dio, dal quale « discende ogni buon regalo e ogni dono perfetto » (Gc 1, 17), poiché si è servito di un Documento emanato cento anni or sono dalla Sede di Pietro, operando nella Chiesa e nel mondo tanto bene e diffondendo tanta luce. La commemorazione, che qui vien fatta, riguarda l'Enciclica leoniana ed insieme le Encicliche e gli altri scritti dei miei predecessori, che hanno contribuito a renderla presente e operante nel tempo, costituendo quella che sarebbe stata chiamata « dottrina sociale », « insegnamento sociale », o anche « Magistero sociale » della Chiesa.

Alla validità di tale insegnamento si riferiscono già due Encicliche che ho pubblicato negli anni del mio pontificato: la *Laborem exercens* sul lavoro umano e la *Sollicitudo rei socialis* sugli attuali problemi dello sviluppo degli uomini e dei popoli[4].

3. Intendo ora proporre una « rilettura » dell'Enciclica leoniana, invitando a « guardare indietro », al suo testo stesso per scoprire nuovamente la ricchezza dei principi fondamentali, in essa formulati, per la soluzione della questione operaia. Ma invito anche a « guardare intorno », alle « cose nuove », che ci circondano ed in cui ci troviamo, per così dire, immersi, ben diverse dalle « cose nuove » che contraddistinsero l'ultimo decennio del secolo passato. Invito, infine, a « guardare al futuro », quando già s'intravede il terzo Millennio dell'era cristiana, carico di incognite, ma anche di promesse. Incognite e promesse che fanno appello alla nostra immaginazione e creatività, stimolando anche la nostra responsabilità, quali discepoli dell'« unico maestro », Cristo (cfr. Mt 23, 8), nell'indicare la via, nel proclamare la verità e nel comunicare la vita che è lui (cfr. Gv 14, 6).

[4] Lett. Enc. *Laborem exercens* (14 settembre 1981): *AAS* 73 (1981), 577-647; Lett. Enc. *Sollicitudo rei socialis* (30 dicembre 1987): *AAS* 80 (1988), 513-586.

Così facendo, sarà confermato non solo *il permanente valore di tale insegnamento*, ma si manifesterà anche il vero senso della Tradizione della Chiesa, al quale, sempre viva e vitale, costruisce sopra il fondamento posto dai nostri padri nella fede e, segnatamente, sopra quel che gli Apostoli trasmisero alla Chiesa[5] in nome di Gesù Cristo, il fondamento « che nessuno può sostituire » (cfr. 1 Cor 3, 11).

Fu per la coscienza della sua missione di successore di Pietro che Leone XIII si propose di parlare, e la stessa coscienza anima oggi il suo successore.

Come lui, e come i Pontefici prima e dopo di lui, mi ispiro all'immagine evangelica dello « scriba divenuto discepolo del Regno dei cieli », del quale il Signore dice che « è simile ad un padrone di casa, che dal suo tesoro sa trarre cose nuove e cose antiche » (Mt 13, 52). Il tesoro è la grande corrente della Tradizione della Chiesa, che contiene le « cose antiche », ricevute e trasmesse da sempre, e permette di leggere le « cose nuove », in mezzo alle quali trascorre la vita della Chiesa e del mondo.

Di tali cose che, incorporandosi alla Tradizione, diventano antiche ed offrono occasioni e materiale per il suo arricchimento e per l'arricchimento della vita di fede, fa parte anche l'operosità feconda di milioni e milioni di uomini, che, stimolati dal Magistero sociale, si sono sforzati di ispirarsi ad esso in ordine al proprio impegno nel mondo. Agendo individualmente, o variamente coordinati in gruppi, associazioni ed organizzazioni, essi hanno costituito come un *grande movimento per la difesa della persona umana* e la tutela della sua dignità, il che nelle alterne vicende della storia ha contribuito a costruire una società più giusta o, almeno, a porre argini e limiti all'ingiustizia.

La presente Enciclica mira a mettere in evidenza la fecondità dei principi espressi da Leone XIII, i quali appartengono al patrimonio dottrinale della Chiesa e, per tale titolo, impegnano l'autorità del suo Magistero. Ma la sollecitudine pastorale mi ha spinto, altresì, a proporre *l'analisi di alcuni avvenimenti della storia recente*. È superfluo rilevare che il con-

[5] Cfr. S. Ireneo, *Adversus haereses*, I, 10, 1; III, 4, 1: PG 7, 549 s.; 855 s.; S.Ch. 264, 154 s.; 211, 44-46.

siderare attentamente il corso degli avvenimenti per discernere le nuove esigenze dell'evangelizzazione fa parte del compito dei Pastori. Tale esame, tuttavia, non intende dare giudizi definitivi, in quanto di per sé non rientra nell'ambito specifico del Magistero.

Capitolo I
Tratti caratteristici della « *Rerum Novarum* »

4. Sul finire del secolo scorso la Chiesa si trovò di fronte ad un processo storico, in atto già da qualche tempo, ma che raggiungeva allora un punto nevralgico. Fattore determinante di tale processo fu un insieme di radicali mutamenti avvenuti nel campo politico, economico e sociale, ma anche nell'ambito scientifico e tecnico, oltre al multiforme influsso delle ideologie dominanti. Risultato di questi cambiamenti era stata, in campo politico, una *nuova concezione della società e dello Stato* e, di conseguenza, *dell'autorità*. Una società tradizionale si dissolveva e cominciava a formarsene un'altra, carica della speranza di nuove libertà, ma anche dei pericoli di nuove forme di ingiustizia e servitù.

In campo economico, dove confluivano le scoperte e le applicazioni delle scienze, si era arrivati progressivamente a nuove strutture nella produzione dei beni di consumo. Era apparsa una *nuova forma di proprietà*, il capitale, e una *nuova forma di lavoro,* il lavoro salariato, caratterizzato da gravosi ritmi di produzione, senza i dovuti riguardi per il sesso, l'età o la situazione familiare, ma unicamente determinato dall'efficienza in vista dell'incremento del profitto.

Il lavoro diventava così una merce, che poteva essere liberamente acquistata e venduta sul mercato ed il cui prezzo era regolato dalla legge della domanda e dell'offerta, senza tener conto del minimo vitale necessario per il sostentamento della persona e della sua famiglia. Per di più il lavoratore non aveva nemmeno la sicurezza di riuscire a vendere la « propria merce », essendo continuamente minacciato dalla disoccupazione, la quale, in assenza di previdenze sociali, significava lo spettro della morte per fame.

Conseguenza di questa trasformazione era « la divisione della società in due classi separate da un abisso profondo »:[6] tale situazione si intrecciava con l'accentuato mutamento di ordine politico. Così la teoria politica allora dominante cercava di promuovere, con leggi appropriate o, al contrario, con voluta assenza di qualsiasi intervento, la totale libertà economica. Nello stesso tempo, cominciava a sorgere in forma organizzata, e non poche volte violenta, un'altra concezione della proprietà e della vita economica, che implicava una nuova organizzazione politica e sociale.

Nel momento culminante di questa contrapposizione, quando ormai apparivano in piena luce la gravissima ingiustizia della realtà sociale, quale esisteva in molte parti, ed il pericolo di una rivoluzione favorita dalle concezioni allora chiamate « socialiste », Leone XIII intervenne con un Documento che affrontava in modo organico la « questione operaia ». L'Enciclica era stata preceduta da altre, dedicate piuttosto ad insegnamenti di carattere politico, mentre altre ancora seguiranno più tardi[7]. In questo contesto è da ricordare, in particolare, l'Enciclica *Libertas praestantissimum*, in cui era richiamato il legame costitutivo della libertà umana con la verità, tale che una libertà che rifiuti di vincolarsi alla verità scadrebbe in arbitrio e finirebbe col sottomettere se stessa alle passioni più vili e con l'autodistruggersi. Da cosa derivano, infatti, tutti i mali a cui la *Rerum Novarum* vuole reagire se non da una libertà che, nel campo dell'attività economica e sociale, si distacca dalla verità dell'uomo?

Il Pontefice si ispirava, inoltre, all'insegnamento dei predecessori, nonché ai molti Documenti episcopali, agli studi scientifici promossi dai laici, all'azione di movimenti e associazioni cattoliche ed alle concrete realizzazioni in campo sociale, che contraddistinsero la vita della Chiesa nella seconda metà del XIX secolo.

5. Le « cose nuove », alle quali il Papa si riferiva, erano tutt'altro che positive. Il primo paragrafo dell'Enciclica descrive

6 Leone XIII, Lett. Enc. *Rerum Novarum, l. c.*, 132.

7 Cfr. ad. es. Leone XIII, Epist. Enc. *Arcanum divinae sapientiae* (10 febbraio 1880); *Leonis XIII P.M. Acta,* II, Romae 1882, 10-40; Lett. Enc. *Diuturnum illud* (29 giugno 1881); *Leonis XIII P.M. Acta,* II, Romae 1882, 269-287; Lett. Enc. *Libertas praestantissimum* (20 giugno 1888); *Leonis XIII P.M. Acta,* VIII, Romae 1889, 212-246; Lett. Enc. *Graves de communi (18 gennaio 1901); Leonis XIII P.M. Acta,* XXI, Romae 1902, 3-20.

le « cose nuove », che le han dato il nome, con parole forti: « Una volta suscitata *la brama di cose nuove*, che da tempo sta sconvolgendo gli Stati, ne sarebbe derivato come conseguenza che *i desideri di cambiamenti* si trasferissero alla fine dall'ordine politico al settore contiguo dell'economia. Difatti, i progressi incessanti dell'industria, le nuove strade aperte dalle professioni, le mutate relazioni tra padroni e operai; l'accumulo della ricchezza nelle mani di pochi, accanto alla miseria della moltitudine; la maggiore coscienza che i lavoratori hanno acquistato di sé e, di conseguenza, una maggiore unione tra essi ed inoltre il peggioramento dei costumi, tutte queste cose hanno fatto scoppiare un *conflitto*[8].

Il Papa, e con lui la Chiesa, come anche la comunità civile, si trovavano di fronte ad una società divisa da un conflitto, tanto più duro e inumano perché non conosceva regola né norma. Era *il conflitto tra il capitale e il lavoro*, o – come lo chiamava l'Enciclica – la questione operaia, e proprio su di esso, nei termini acutissimi in cui allora si prospettava, il Papa non esitò a dire la sua parola.

Si presenta qui la prima riflessione, che l'Enciclica suggerisce per il tempo presente. Di fronte ad un conflitto che opponeva, quasi come « lupi », l'uomo all'uomo fin sul piano della sussistenza fisica degli uni e dell'opulenza degli altri, il Papa non dubitò di dover intervenire, in virtù del suo « ministero apostolico »[9], ossia della missione ricevuta da Gesù Cristo stesso di « pascere gli agnelli e le pecorelle » (cfr. Gv 21, 15-17) e di « legare e sciogliere sulla terra » per il Regno dei cieli (cfr. Mt 16, 19). Sua intenzione era certamente quella di ristabilire la pace, e il lettore contemporaneo non può non notare la severa condanna della lotta di classe, che egli pronunciava senza mezzi termini[10]. Ma era ben consapevole del fatto che *la pace si edifica sul fondamento della giustizia*: contenuto essenziale dell'Enciclica fu appunto quello di proclamare le condizioni fondamentali della giustizia nella congiuntura economica e sociale di allora[11].

8 Lett. Enc. *Rerum Novarum: l. c.*, 97.
9 *Ibid.: l. c.*, 98.
10 Cfr. *ibid.: l. c.*, 109 s.
11 Cfr. *ibid.*: descrizione delle condizioni di lavoro; associazioni operaie anticristiane: *l. c.*, 110 s.; 136 s.

In questo modo Leone XIII, sulle orme dei predecessori, stabiliva un paradigma permanente per la Chiesa. Questa, infatti, ha la sua parola da dire di fronte a determinate situazioni umane, individuali e comunitarie, nazionali e internazionali, per le quali formula una vera dottrina, un *corpus*, che le permette di analizzare le realtà sociali, di pronunciarsi su di esse e di indicare orientamenti per la giusta soluzione dei problemi che ne derivano.

Ai tempi di Leone XIII una simile concezione del diritto-dovere della Chiesa era ben lontana dall'essere comunemente ammessa. Prevaleva, infatti, una duplice tendenza: l'una orientata a questo mondo ed a questa vita, alla quale la fede doveva rimanere estranea; l'altra rivolta verso una salvezza puramente ultraterrena, che però non illuminava né orientava la presenza sulla terra. L'atteggiamento del Papa nel pubblicare la *Rerum Novarum* conferì alla Chiesa quasi uno « statuto di cittadinanza » nelle mutevoli realtà della vita pubblica, e ciò si sarebbe affermato ancor più in seguito. In effetti, per la Chiesa insegnare e diffondere la dottrina sociale appartiene alla sua missione evangelizzatrice e fa parte essenziale del messaggio cristiano, perché tale dottrina ne propone le dirette conseguenze nella vita della società ed inquadra il lavoro quotidiano e le lotte per la giustizia nella testimonianza a Cristo Salvatore. Essa costituisce, altresì, una fonte di unità e di pace dinanzi ai conflitti che inevitabilmente insorgono nel settore economico-sociale. Diventa in tal modo possibile vivere le nuove situazioni senza avvilire la trascendente dignità della persona umana né in se stessi né negli avversari, ed avviarle a retta soluzione.

Ora, la validità di tale orientamento mi offre, a distanza di cento anni,l'opportunità di dare un contributo all'elaborazione della dottrina sociale cristiana. La « nuova evangelizzazione », di cui il mondo moderno ha urgente necessità e su cui ho più volte insistito, deve annoverare tra le sue componenti essenziali *l'annuncio della dottrina sociale della Chiesa*, idonea tuttora, come ai tempi di Leone XIII, ad indicare la retta via per rispondere alle grandi sfide dell'età contemporanea, mentre cresce il discredito delle ideologie. Come allora, bisogna ripetere che *non c'è vera soluzione della « questione sociale » fuori del Vangelo* e che, d'altra parte, le « cose nuove » possono trovare in esso il loro spazio di verità e la dovuta impostazione morale.

6. Proponendosi di far luce sul *conflitto* che si era venuto a creare tra capitale e lavoro, Leone XIII affermava i diritti fondamentali dei lavoratori. Per questo, la chiave di lettura del testo leoniano è la *dignità del lavoratore* in quanto tale e, per ciò stesso, la *dignità del lavoro*, che viene definito come « l'attività umana ordinata a provvedere ai bisogni della vita, e specialmente alla conservazione »[12]. Il Pontefice qualifica il lavoro come « personale », perché « la forza attiva è inerente alla persona e del tutto propria di chi la esercita ed al cui vantaggio fu data »[13]. Il lavoro appartiene così alla vocazione di ogni persona; l'uomo, anzi, si esprime e si realizza nella sua attività di lavoro. Nello stesso tempo, il lavoro ha una dimensione « sociale » per la sua intima relazione sia con la famiglia, sia anche col bene comune, « poiché si può affermare con verità che il lavoro degli operai è quello che produce la ricchezza degli Stati »[14]. È quanto ho ripreso e sviluppato nell'Enciclica *Laborem exercens*[15].

Un altro principio rilevante è senza dubbio quello del *diritto alla « proprietà privata »*[16]. Lo spazio stesso, che l'Enciclica gli dedica, rivela l'importanza che gli si attribuisce. Il Papa è ben cosciente del fatto che la proprietà privata non è un valore assoluto, né tralascia di proclamare i principi di necessaria complementarietà, come quello della *destinazione universale dei beni della terra*[17].

D'altra parte, è senz'altro vero che il tipo di proprietà privata, che egli precipuamente considera, è quello della proprietà della terra[18]. Ciò, tuttavia, non impedisce che le ragioni addotte per tutelare la proprietà privata, ossia per affermare il diritto di possedere le cose necessarie per lo sviluppo personale e della propria famiglia – quale che sia la forma concreta che questo diritto può assumere –, conservino oggi il loro valore. Ciò deve essere nuovamente affermato sia di fronte ai cambiamenti, di cui siamo testimoni, avvenuti nei sistemi dove imperava la proprietà collettiva dei mezzi di produzione; sia anche di fronte ai crescenti fenomeni di povertà o, più esattamente, agli im-

12 *Ibid.: l. c.*, 130; cfr. anche 114 s.
13 *Ibid.: l. c.*, 130.
14 *Ibid.: l. c.*, 123.
15 Cfr. Lett. Enc. *Laborem exercens*, 1, 2, 6: *l. c.*, 578-583; 589-592.
16 Cfr. Lett. Enc. *Rerum Novarum: l. c.*, 99-107.
17 Cfr. *ibid.: l. c.*, 102 s.
18 Cfr. *ibid.: l. c.*, 101-104.

pedimenti della proprietà privata, che si presentano in tante parti del mondo, comprese quelle in cui predominano i sistemi che dell'affermazione del diritto di proprietà privata fanno il loro fulcro.

A seguito di detti cambiamenti e della persistenza della povertà, si rivela necessaria una più profonda analisi del problema, come sarà sviluppata più avanti.

7. In stretta relazione col diritto di proprietà l'Enciclica di Leone XIII afferma parimenti *altri diritti*, come propri e inalienabili della persona umana. Tra essi è preminente, per lo spazio che il Papa gli dedica e l'importanza che gli attribuisce, il « diritto naturale dell'uomo » a formare associazioni private; il che significa, anzitutto, *il diritto a creare associazioni professionali* di imprenditori e operai, o di soli operai[19]. Si coglie qui la ragione per cui la Chiesa difende e approva la creazione di quelli che comunemente si chiamano sindacati, non certo per pregiudizi ideologici, né per cedere a una mentalità di classe, ma perché l'associarsi è un diritto naturale dell'essere umano e, dunque, anteriore rispetto alla sua integrazione nella società politica. Infatti, « non può lo Stato proibirne la formazione », perché « i diritti naturali lo Stato deve tutelarli, non distruggerli. Vietando tali associazioni, esso contraddice se stesso »[20].

Insieme con questo diritto, che – è doveroso sottolineare – il Papa riconosce esplicitamente agli operai o, secondo il suo linguaggio, ai « proletari », sono affermati con uguale chiarezza il diritto alla « limitazione delle ore di lavoro », al legittimo riposo e ad un diverso trattamento dei fanciulli e delle donne[21] quanto al tipo e alla durata del lavoro.

Se si tiene presente ciò che dice la storia circa i procedimenti consentiti, o almeno non esclusi legalmente, in ordine alla contrattazione senza alcuna garanzia né quanto alle ore di lavoro, né quanto alle condizioni igieniche dell'ambiente ed ancora senza riguardo per l'età e il sesso dei candidati all'occupazione, bensì comprende la severa affermazione del Papa. « Non è giusto né umano – egli scrive – esigere dall'uomo tanto lavoro, da farne per la troppa fatica instupidire la mente e da fiaccarne

19 Cfr. *ibid.: l. c.*, 134 s.; 137 s.
20 *Ibid.: l. c.*, 135.
21 Cfr. *ibid.: l. c.*, 128-129.

il corpo ». E con maggior precisione, riferendosi al contratto, inteso a far entrare in vigore simili « relazioni di lavoro », afferma: « In ogni convenzione stipulata tra padroni ed operai vi è sempre la condizione o espressa o sottintesa » che si sia provveduto convenientemente al riposo, proporzionato « alla somma delle energie consumate nel lavoro »; poi conclude: « Un patto contrario sarebbe immorale »[22].

8. Subito dopo il Papa enuncia un *altro diritto* dell'operaio in quanto persona. Si tratta del diritto al « giusto salario », il quale non può essere lasciato « al libero consenso delle parti: sicché il datore di lavoro, pagata la mercede, ha fatto la sua parte, né sembra sia debitore di altro »[23]. Lo Stato – si diceva a quel tempo – non ha potere di intervenire nella determinazione di questi contratti, se non per assicurare l'adempimento di quanto è stato esplicitamente pattuito. Una simile concezione delle relazioni tra padroni e operai, puramente pragmatica ed ispirata ad un rigoroso individualismo, viene severamente biasimata nell'Enciclica, perché contraria alla duplice natura del lavoro, come fatto personale e necessario. Poiché, se il lavoro, *in quanto personale*, rientra nella disponibilità che ciascuno ha delle proprie facoltà ed energie, *in quanto necessario* è regolato dal grave obbligo che ciascuno ha di « conservarsi in vita »; « di qui nasce per necessaria conseguenza – conclude il Papa – il diritto di procurarsi i mezzi di sostentamento, che per la povera gente si riducono al salario del proprio lavoro »[24].

Il salario deve essere sufficiente a mantenere l'operaio e la sua famiglia. Se il lavoratore, « costretto dalla necessità, o per timore del peggio, accetta patti più duri perché imposti dal proprietario o dall'imprenditore, e che volenti o nolenti debbono essere accettati, è chiaro che subisce una violenza contro la quale la giustizia protesta »[25].

Volesse Dio che queste parole, scritte mentre avanzava il cosiddetto « capitalismo selvaggio », non debbano oggi essere ripetute con la medesima severità. Purtroppo, si riscontrano ancora oggi casi di contratti tra padroni e operai, nei quali è ignorata

22 *Ibid.*: *l. c.*, 129.
23 *Ibid.*: *l. c.*, 129.
24 *Ibid.*: *l. c.*, 130 s.
25 *Ibid.*: *l. c.*, 131.

la più elementare giustizia in materia di lavoro minorile o femminile, circa gli orari di lavoro, lo stato igienico dei locali e l'equa retribuzione. E questo nonostante le *Dichiarazioni* e *Convenzioni internazionali* al riguardo[26], e le stesse *leggi interne* degli Stati. Il Papa attribuiva all'« autorità pubblica » lo « stretto dovere » di prendersi debita cura del benessere dei lavoratori, perché non facendolo si offendeva la giustizia; anzi non esitava a parlare di « giustizia distributiva »[27].

9. A tali diritti Leone XIII ne aggiunge *un altro*, sempre a proposito della condizione operaia, che desidero ricordare per l'importanza che ha: il diritto di adempiere liberamente i doveri religiosi. Il Papa lo proclama nel contesto degli altri diritti e doveri degli operai, nonostante il clima generale che, anche ai suoi tempi, considerava certe questioni attinenti esclusivamente all'ambito privato. Egli afferma la necessità del riposo festivo, perché l'uomo sia riportato al pensiero dei beni celesti e al culto dovuto alla maestà divina[28]. Di questo diritto, radicato in un comandamento, nessuno può privare l'uomo: « A nessuno è lecito violare impunemente la dignità dell'uomo, di cui Dio stesso dispone con grande rispetto »; di conseguenza, lo Stato deve assicurare all'operaio l'esercizio di tale libertà[29].

Non sbaglierebbe chi in questa limpida affermazione vedesse il germe del principio del diritto alla libertà religiosa, divenuto poi oggetto di molte solenni *Dichiarazioni* e *Convenzioni internazionali*[30], nonché della nota *Dichiarazione conciliare* e del mio ripetuto insegnamento[31]. Al riguardo, ci si deve domandare se gli ordinamenti legali vigenti e la prassi delle società industrializzate assicurino oggi effettivamente l'elementare diritto al riposo festivo.

10. Un'altra importante nota, ricca di insegnamenti per i nostri giorni, è la concezione dei rapporti tra lo Stato ed i citta-

26 Cfr. Dichiarazione universale dei Diritti dell'Uomo.
27 Cfr. Lett. Enc. *Rerum Novarum: l. c.*, 121-123.
28 Cfr. *ibid.: l. c.*, 127.
29 *Ibid.: l. c.*, 126 s.
30 Cfr. Dichiarazione universale dei Diritti dell'Uomo; Dichiarazione sull'eliminazione di ogni forma di intolleranza e discriminazione fondate sulla religione o sulle convinzioni.
31 Cfr. CONC. ECUM. VAT. II, Dichiaraz. sulla libertà religiosa *Dignitatis humanae*; GIOVANNI PAOLO II, Lettera ai Capi di Stato (1° settembre 1980): *AAS* 72 (1980), 1252-1260; Messaggio per la Giornata Mondiale della Pace 1988: *AAS* 80 (1988) 278-286.

dini. La *Rerum Novarum* critica i due sistemi sociali ed economici: il socialismo e il liberalismo. Al primo è dedicata la parte iniziale, nella quale si riafferma il diritto alla proprietà privata; al secondo non è dedicata una speciale sezione, ma — cosa meritevole di attenzione — si riservano le critiche, quando si affronta il tema dei doveri dello Stato[32]. Questo non può limitarsi a « provvedere ad una parte dei cittadini », cioè a quella ricca e prospera, e non può « trascurare l'altra », che rappresenta indubbiamente la grande maggioranza del corpo sociale; altrimenti si offende la giustizia, che vuole si renda a ciascuno il suo. « Tuttavia, nel tutelare questi diritti dei privati, si deve avere un riguardo speciale ai deboli e ai poveri. La classe dei ricchi, forte per se stessa, ha meno bisogno della pubblica difesa; la classe proletaria, mancando di un proprio sostegno, ha speciale necessità di cercarla con la protezione dello Stato. Perciò agli operai, che sono nel numero dei deboli e bisognosi, lo Stato deve rivolgere di preferenza le sue cure e provvidenze »[33].

Questi passi oggi hanno valore soprattutto di fronte alle nuove forme di povertà esistenti nel mondo, anche perché sono affermazioni che non dipendono da una determinata concezione dello Stato né da una particolare teoria politica. Il Papa ribadisce un elementare principio di ogni sana organizzazione politica, cioè che gli individui, quanto più sono indifesi in una società, tanto più necessitano dell'interessamento e della cura degli altri e, in particolare, dell'intervento dell'autorità pubblica.

In tal modo il principio, che oggi chiamiamo di solidarietà, e la cui validità, sia nell'ordine interno a ciascuna Nazione, sia nell'ordine internazionale, ho richiamato nella *Sollicitudo rei socialis*[34], si dimostra come uno dei principi basilari della concezione cristiana dell'organizzazione sociale e politica. Esso è più volte enunciato da Leone XIII col nome di « amicizia », che troviamo già nella filosofia greca; da Pio XI è designato col nome non meno significativo di « carità sociale »; mentre Paolo VI, ampliando il concetto secondo le moderne e molteplici dimensioni della questione sociale, parlava di « civiltà dell'amore »[35].

32 Cfr. Lett. Enc. *Rerum Novarum: l. c.*, 99-105; 130 s.; 135.

33 *Ibid.: l. c.*, 125.

34 Cfr. lett. Enc. *Sollicitudo rei socialis*, 38-40: *l. c.*, 564-569; cfr. anche Giovanni XXIII, Lett. Enc. *Mater et Magistra, l. c.*, 407.

35 Cfr. Leone XIII, Lett. Enc. *Rerum Novarum: l. c.*, 114-116; Pio XI, Lett. Enc. *Quadragesimo anno*, III, *l. c.*, 208; Paolo VI, Omelia per la chiusura dell'Anno Santo

11. La rilettura dell'Enciclica alla luce delle realtà contemporanee permette di apprezzare *la costante preoccupazione e dedizione della Chiesa* verso quelle categorie di persone, che sono oggetto di predilezione da parte del Signore Gesù. Il contenuto del testo è un'eccellente testimonianza della continuità, nella Chiesa, della cosiddetta « opzione preferenziale per i poveri », opzione che ho definito come una « forma speciale di primato nell'esercizio della carità cristiana »[36]. L'Enciclica sulla « questione operaia », dunque, è un'Enciclica sui poveri e sulla terribile condizione, alla quale il nuovo e non di raro violento processo di industrializzazione aveva ridotto grandi moltitudini. Anche oggi, in gran parte del mondo, simili processi di trasformazione economica, sociale e politica producono i medesimi mali.

Se Leone XIII si appella allo Stato per rimediare secondo giustizia alla condizione dei poveri, lo fa anche perché riconosce opportunamente che lo Stato ha il compito di sovraintendere al bene comune e di curare che ogni settore della vita sociale, non escluso quello economico, contribuisca a promuoverlo, pur nel rispetto della giusta autonomia di ciascuno di essi. Ciò, però, non deve far pensare che per Papa Leone ogni soluzione della questione sociale debba venire dallo Stato. Al contrario, egli insiste più volte sui necessari limiti dell'intervento dello Stato e sul suo carattere strumentale, giacché l'individuo, la famiglia e la società gli sono anteriori ed esso esiste per tutelare i diritti dell'uno e delle altre, e non già per soffocarli[37].

A nessuno sfugge l'attualità di queste riflessioni. Sull'importante tema delle limitazioni inerenti alla natura dello Stato converrà tornare più avanti; intanto, i punti sottolineati, non certo gli unici dell'Enciclica, si pongono in continuità nel Magistero sociale della Chiesa, anche alla luce di una sana concezione della proprietà privata, del lavoro, del processo economico, della realtà dello Stato e, prima di tutto, dell'uomo stesso. Altri temi saranno menzionati in seguito nell'esaminare taluni aspetti della realtà contemporanea; ma occorre tener presente fin d'ora che ciò che fa da trama e, in certo modo, da guida all'Enciclica ed a tutta la dottrina sociale della Chiesa, è *la corretta concezio-*

(25 dicembre 1975): *AAS* 68 (1976), 145; Messaggio per la Giornata Mondiale della Pace 1977: *AAS* 68 (1976), 709.

[36] Lett. Enc. *Sollicitudo rei socialis*, 42: *l. c.*, 572.

[37] Cfr. Lett. Enc. *Rerum Novarum: l. c.*, 101 s.; 104 s.; 130 s.; 136.

ne della persona umana e del suo valore unico, in quanto « l'uomo... in terra è la sola creatura che Dio abbia voluto per se stessa »[38]. In lui ha scolpito la sua immagine e somiglianza (cfr. Gn 1, 26), conferendogli una dignità incomparabile, sulla quale più volte insiste l'Enciclica. In effetti, al di là dei diritti che l'uomo acquista col proprio lavoro, esistono diritti che non sono il corrispettivo di nessuna opera da lui prestata, ma che derivano dall'essenziale sua dignità di persona.

Capitolo II

Verso le « cose nuove » di oggi

12. La commemorazione della *Rerum Novarum* non sarebbe adeguata, se non guardasse pure alla situazione di oggi. Già nel suo contenuto il Documento si presta ad una tale considerazione, perché il quadro storico e le previsioni ivi delineate si rivelano, alla luce di quanto è accaduto in seguito, sorprendentemente esatte.

Ciò è confermato, in particolare, dagli avvenimenti degli ultimi mesi dell'anno 1989 e dei primi del 1990. Essi e le conseguenti trasformazioni radicali non si spiegano se non in base alle situazioni anteriori, le quali, in certa misura, avevano cristallizzato o istituzionalizzato le previsioni di Leone XIII ed i segnali, sempre più inquieti, avvertiti dai suoi successori. Papa Leone, infatti, previde le conseguenze negative sotto tutti gli aspetti, politico, sociale ed economico, di un ordinamento della società quale proponeva il « socialismo », che allora era allo stadio di filosofia sociale e di movimento più o meno strutturato. Qualcuno potrebbe meravigliarsi del fatto che il Papa cominciava dal « socialismo » la critica delle soluzioni che si davano della « questione operaia », quando esso non si presentava ancora – come poi accadde – sotto la forma di uno Stato forte e potente con tutte le risorse a disposizione. Tuttavia, egli valutò esattamente il pericolo che rappresentava per le masse l'attraente presentazione di una soluzione tanto semplice quanto radicale della questione operaia di allora. Ciò risulta tanto più

[38] Conc. Ecum. Vat. II, Cost. past. sulla Chiesa nel mondo contemporaneo *Gaudium et spes*, 24.

vero, se vien considerato in relazione con la paurosa condizione di ingiustizia in cui giacevano le masse proletarie nelle Nazioni da poco industrializzate.

Occorre qui sottolineare due cose: da una parte, la grande lucidità nel percepire, in tutta la sua crudezza, la reale condizione dei proletari, uomini, donne e bambini; dall'altra la non minore chiarezza con cui si intuisce il male di una soluzione che, sotto l'apparenza di un'inversione delle posizioni di poveri e ricchi, andava in realtà a detrimento di quegli stessi che si ripromettеva di aiutare. Il rimedio si sarebbe così rivelato peggiore del male. Individuando la natura del socialismo del suo tempo nella soppressione della proprietà privata, Leone XIII arrivava al nodo della questione.

Le sue parole meritano di essere rilette con attenzione: « Per rimediare a questo male (l'ingiusta distribuzione delle ricchezze e la miseria dei proletari), i socialisti spingono i poveri all'odio contro i ricchi, e sostengono che la proprietà privata deve essere abolita ed i beni di ciascuno debbono essere comuni a tutti...; ma questa teoria, oltre a non risolvere la questione, non fa che danneggiare gli stessi operai, ed è inoltre ingiusta per molti motivi, giacché contro i diritti dei legittimi proprietari snatura le funzioni dello Stato e scompagina tutto l'ordine sociale »[39]. Non si potrebbero indicar meglio i mali indotti dall'instaurazione di questo tipo di socialismo come sistema di Stato: quello che avrebbe preso il nome di « socialismo reale ».

13. Approfondendo ora la riflessione e facendo anche riferimento a quanto è stato detto nelle Encicliche *Laborem exercens* e *Sollicitudo rei socialis*, bisogna aggiungere che l'errore fondamentale del socialismo è di carattere antropologico. Esso, infatti, considera il singolo uomo come un semplice elemento ed una molecola dell'organismo sociale, di modo che il bene dell'individuo viene del tutto subordinato al funzionamento del meccanismo economico-sociale, mentre ritiene, d'altro canto, che quel medesimo bene possa essere realizzato prescindendo dalla sua autonoma scelta, dalla sua unica ed esclusiva assunzione di responsabilità davanti al bene o al male. L'uomo così è ridotto

[39] Lett. Enc. *Rerum Novarum: l. c.*, 99.

ad una serie di relazioni sociali, e scompare il concetto di persona come soggetto autonomo di decisione morale, il quale costruisce mediante tale decisione l'ordine sociale. Da questa errata concezione della persona discendono la distorsione del diritto che definisce la sfera di esercizio della libertà, nonché l'opposizione alla proprietà privata. L'uomo, infatti, privo di qualcosa che possa « dir suo » e della possibilità di guadagnarsi da vivere con la sua iniziativa, viene a dipendere dalla macchina sociale e da coloro che la controllano: il che gli rende molto più difficile riconoscere la sua dignità di persona ed inceppa il cammino per la costituzione di un'autentica comunità umana.

Al contrario, dalla concezione cristiana della persona segue necessariamente una visione giusta della società. Secondo la *Rerum Novarum* e tutta la dottrina sociale della Chiesa, la socialità dell'uomo non si esaurisce nello Stato, ma si realizza in diversi gruppi intermedi, cominciando dalla famiglia fino ai gruppi economici, sociali, politici e culturali che, provenienti dalla stessa natura umana, hanno – sempre dentro il bene comune – la loro propria autonomia. È quello che ho chiamato la « soggettività » della società che, insieme alla soggettività dell'individuo è stata annullata dal « socialismo reale »[40].

Se ci si domanda poi donde nasca quell'errata concezione della natura della persona e della « soggettività » della società, bisogna rispondere che la prima causa è l'ateismo. È nella risposta all'appello di Dio, contenuto nell'essere delle cose, che l'uomo diventa consapevole della sua trascendente dignità. Ogni uomo deve dare questa risposta, nella quale consiste il culmine della sua umanità, e nessun meccanismo sociale o soggetto collettivo può sostituirlo. La negazione di Dio priva la persona del suo fondamento e, di conseguenza, induce e riorganizzare l'ordine sociale prescindendo dalla dignità e responsabilità della persona.

L'ateismo di cui si parla, del resto, è strettamente connesso col razionalismo illuministico, che concepisce la realtà umana e sociale in modo meccanicistico. Si negano in tal modo l'intuizione ultima circa la vera grandezza dell'uomo, la sua trascendenza rispetto al mondo delle cose, la contraddizione ch'egli avverte nel suo cuore tra il desiderio di una pienezza di bene e la propria inadeguatezza a conseguirlo e, soprattutto, il bisogno di salvezza che ne deriva.

[40] Cfr. Lett. Enc. *Sollicitudo rei socialis,* 15-28: *l. c.,* 530; 548 ss.

14. Dalla medesima radice ateistica scaturisce anche la scelta dei mezzi di azione propria del socialismo, che è condannato nella *Rerum Novarum*. Si tratta della lotta di classe. Il Papa, beninteso, non intende condannare ogni e qualsiasi forma di conflittualità sociale: la Chiesa sa bene che nella storia i conflitti di interessi tra diversi gruppi sociali insorgono inevitabilmente e che di fronte ad essi il cristiano deve spesso prender posizione con decisione e coerenza. L'Enciclica *Laborem exercens*, del resto, ha riconosciuto chiaramente il ruolo positivo del conflitto, quando esso si configuri come « lotta per la giustizia sociale »[41]; e già la *Quadragesimo anno* scriveva: « La lotta di classe, infatti, quando si astenga dagli atti di violenza e dall'odio vicendevole, si trasforma a poco a poco in una onesta discussione, fondata nella ricerca della giustizia »[42].

Ciò che viene condannato nella lotta di classe è, piuttosto, l'idea di un conflitto che non è limitato da considerazioni di carattere etico o giuridico, che si rifiuta di rispettare la dignità della persona nell'altro (e, di conseguenza, di se stesso), che esclude, perciò, un ragionevole accomodamento e persegue non già il bene generale della società, bensì un interesse di parte che si sostituisce al bene comune e vuol distruggere ciò che gli si oppone. Si tratta, in una parola, della ripresentazione – sul terreno del confronto interno tra i gruppi sociali – della dottrina della « guerra totale », che il militarismo e l'imperialismo di quell'epoca imponevano nell'ambito dei rapporti internazionali. Tale dottrina alla ricerca del giusto equilibrio tra gli interessi delle diverse Nazioni sostituiva quella dell'assoluto prevalere della propria parte mediante la distruzione del potere di resistenza della parte avversa, distruzione attuata con ogni mezzo, non escluso l'uso della menzogna il terrore contro i civili, le armi di sterminio (che proprio in quegli anni cominciavano ad essere progettate). Lotta di classe in senso marxista e militarismo, dunque, hanno le stesse radici: l'ateismo e il disprezzo della persona umana, che fan prevalere il principio della forza su quello della ragione e del diritto.

15. La *Rerum Novarum* si oppone alla statalizzazione degli strumenti di produzione, che ridurrebbero ogni cittadino ad un

[41] Cfr. Lett. Enc. *Laborem exercens*, 11-15: *l. c.*, 602-618.
[42] Pio XI, Lett. Enc. *Quadragesimo anno*, III: *l. c.*, 213.

« pezzo » nell'ingranaggio della macchina dello Stato. Non meno decisamente essa critica la concezione dello Stato che lascia il settore dell'economia totalmente di fuori del suo campo di interesse e di azione. Esiste certo una legittima sfera di autonomia dell'agire economico, nella quale lo Stato non deve entrare. Questo, però, ha il compito di determinare la cornice giuridica, al cui interno si svolgono i rapporti economici, e di salvaguardare in tal modo le condizioni prime di un'economia libera, che presuppone una certa eguaglianza tra le parti, tale che una di esse non sia tanto più potente dell'altra da poterla ridurre praticamente in schiavitù[43].

A questo riguardo, la *Rerum Novarum* indica la via delle giuste riforme, che restituiscano al lavoro la sua dignità di libera attività dell'uomo. Esse implicano un'assunzione di responsabilità da parte della società e dello Stato, diretta soprattutto a difendere il lavoratore contro l'incubo della disoccupazione. Ciò storicamente si è verificato in due modi convergenti: o con politiche economiche, volte ad assicurare la crescita equilibrata e la condizione di piena occupazione; o con le assicurazioni contro la disoccupazione e con politiche di riqualificazione professionale, capaci di facilitare il passaggio dei lavoratori da settori in crisi ad altri in sviluppo.

Inoltre, la società e lo Stato devono assicurare livelli salariali adeguati al mantenimento del lavoratore e della sua famiglia, inclusa una certa capacità di risparmio. Ciò richiede sforzi per dare ai lavoratori cognizioni e attitudini sempre migliori e tali da rendere il loro lavoro più qualificato e produttivo; ma richiede anche un'assidua sorveglianza ed adeguate misure legislative per stroncare fenomeni vergognosi di sfruttamento, soprattutto a danno dei lavoratori più deboli, immigrati o marginali. Decisivo in questo settore è il ruolo dei sindacati, che contrattano i minimi salariali e le condizioni di lavoro.

Infine, bisogna garantire il rispetto di orari « umani » di lavoro e di riposo, oltre che il diritto di esprimere la propria personalità sul luogo di lavoro, senza essere violati in alcun modo nella propria coscienza o nella propria dignità. Anche qui è da richiamare il ruolo dei sindacati non solo come strumenti di contrattazione, ma anche come « luoghi » di espressione della per-

[43] Cfr. Lett. Enc. *Rerum Novarum: l. c.*, 121-125.

sonalità dei lavoratori: essi servono allo sviluppo di un'autentica cultura del lavoro ed aiutano i lavoratori a partecipare in modo pienamente umano alla vita dell'azienda[44].

Al conseguimento di questi fini lo Stato deve concorrere sia direttamente che indirettamente. Indirettamente e secondo il *principio di sussidiarietà*, creando le condizioni favorevoli al libero esercizio dell'attività economica, che porti ad una offerta abbondante di opportunità di lavoro e di fonti di ricchezza. Direttamente e secondo il *principio di solidarietà*, ponendo a difesa del più debole alcuni limiti all'autonomia delle parti, che decidono le condizioni di lavoro, ed assicurando in ogni caso un minimo vitale al lavoratore disoccupato[45].

L'Enciclica ed il Magistero sociale, ad essa collegato, ebbero una molteplice influenza negli anni tra il XIX e il XX secolo. Tale influenza si riflette in numerose riforme introdotte nei settori della previdenza sociale, delle pensioni, delle assicurazioni contro le malattie, della prevenzione degli infortuni, nel quadro di un maggiore rispetto dei diritti dei lavoratori[46].

16. Le riforme in parte furono realizzate dagli Stati, ma nella lotta per ottenerle ebbe un ruolo importante *l'azione del Movimento operaio*. Nato come reazione della coscienza morale contro situazioni di ingiustizia e di danno, esso esplicò una vasta attività sindacale, riformista, lontana dalle nebbie dell'ideologia e più vicina ai bisogni quotidiani dei lavoratori e, in questo ambito, i suoi sforzi si sommarono spesso a quelli dei cristiani per ottenere il miglioramento delle condizioni di vita dei lavoratori. In seguito, tale movimento fu, in certa misura, dominato proprio da quella ideologia marxista, contro la quale si volgeva la *Rerum novarum*.

Le stesse riforme furono anche il risultato di un *libero processo di auto-organizzazione della società*, con la messa a punto di strumenti efficaci di solidarietà, atti a sostenere una crescita economica più rispettosa dei valori della persona. È da ricordare qui la multiforme attività, con un notevole contributo dei

44 Cfr. Lett. Enc. *Laborem exercens*, 20: *l. c.*, 629-632; Discorso all'Organizzazione Internazionale del Lavoro (O.I.T.) a Ginevra (15 giugno 1982): *Insegnamenti* V/2 (1982), 2250-2266: Paolo VI, Discorso alla medesima Organizzazione (10 giugno 1969: *AAS* 61: 1969), 491-502.

45 Cfr. Lett. Enc. *Laborem exercens*, 8: *l. c.*, 594-598.

46 Cfr. Pio XI, Lett. Enc. *Quadragesimo anno: l. c.*, 178-181.

cristiani, nella fondazione di cooperative di produzione, di consumo e di credito, nel promuovere l'istruzione popolare e la formazione professionale, nella sperimentazione di varie forme di partecipazione alla vita dell'impresa e, in generale, della società.

Se dunque, guardando al passato, c'è motivo di ringraziare Dio perché la grande Enciclica non è rimasta priva di risonanza nei cuori ed ha spinto ad una fattiva generosità, tuttavia bisogna riconoscere che l'annuncio profetico, in essa contenuto, non è stato compiutamente accolto dagli uomini di quel tempo, e proprio da ciò sono derivate assai gravi sciagure.

17. Leggendo l'Eniclica in connessione con tutto il ricco Magistero leoniano[47], si nota come essa indichi, in fondo, le conseguenze sul terreno economico-sociale di un errore di più vasta portata. L'errore – come si è detto – consiste in una concezione della libertà umana che la sottrae all'obbedienza alla verità e, quindi, anche al dovere di rispettare i diritti degli altri uomini. Contenuto della libertà diventa allora l'amore di sé fino al disprezzo di Dio e del prossimo, amore che conduce all'affermazione illimitata del proprio interesse e non si lascia limitare da alcun obbligo di giustizia[48].

Proprio questo errore giunse alle estreme conseguenze nel tragico ciclo delle guerre che sconvolsero l'Europa ed il mondo tra il 1914 e il 1945. Furono guerre derivanti dal militarismo e dal nazionalismo esasperato e dalle forme di totalitarismo, ad essi collegate, e guerre derivanti dalla lotta di classe, guerre civili ed ideologiche. Senza la terribile carica di odio e di rancore, accumulata a causa delle tante ingiustizie sia a livello internazionale che a quello interno ai singoli Stati, non sarebbero state possibili guerre di tale ferocia, in cui furono investite le energie di grandi Nazioni, in cui non si esitò davanti alla violazione dei diritti umani più sacri, e fu pianificato ed eseguito lo sterminio

[47] Cfr. Epist. Enc. *Arcanum divinae sapientae* (10 febbraio 1880); *Leonis XIII P.M. Acta*, II, Romae 1882, 10-40; Epist. Enc. *Diuturnum illud* (29 giugno 1881); *Leonis XIII P.M. Acta*, II, Romae 1882, 269-287; Epist. Enc. *Immortale Dei* (1 novembre 1885): *Leonis XIII P.M. Acta*, V, Romae 1886, 118-150; Lett. Enc. *Sapientiae Christianae* (10 gennaio 1890): *Leonis XIII P.M. Acta*, X, Romae 1891, 10-41; Epist. Enc. *Quod Apostolici muneris* (28 dicembre 1878): *Leonis XIII P.M. Acta*, I, Romae 1881, 170-183; Lett. Enc. *Libertas praestantissimum* (20 giugno 1888): *Leonis XIII P.M. Acta*, VIII, Romae 1889, 212-246.

[48] Cfr. Leone XIII, Lett. Enc. *Libertas praestantissimum: l. c.*, 224-226.

di interi popoli e gruppi sociali. Ricordiamo qui, in particolare, il popolo ebreo, il cui terribile destino è divenuto simbolo dell'aberrazione cui può giungere l'uomo, quando si volge contro Dio.

Tuttavia, l'odio e l'ingiustizia si impossessano di intere Nazioni e le spingono all'azione solo quando vengono legittimati ed organizzati da ideologie che si fondano su di essi piuttosto che sulla verità dell'uomo[49]. La *Rerum novarum* combatteva le ideologie dell'odio ed indicava le vie per distruggere la violenza ed il rancore mediante la giustizia. Possa il ricordo di quei terribili avvenimenti guidare le azioni di tutti gli uomini e, in particolare, dei reggitori dei popoli nel nostro tempo, in cui altre ingiustizie alimentano nuovi odi e si delineano all'orizzonte nuove ideologie che esaltano la violenza.

18. Certo, dal 1945 le armi tacciono nel Continente europeo; tuttavia, la vera pace – si ricordi – non è mai il risultato della vittoria militare, ma implica il superamento delle cause della guerra e l'autentica riconciliazione tra i popoli. Per molti anni, invece, si è avuta in Europa e nel mondo una situazione di non-guerra più che di autentica pace. Metà del Continente è caduta sotto il dominio della dittatura comunista, mentre l'altra metà si organizzava per difendersi contro un tale pericolo. Molti popoli perdono il potere di disporre di se stessi, vengono chiusi nei confini soffocanti di un impero, mentre si cerca di distruggere la loro memoria storica e la secolare radice della loro cultura. Masse enormi di uomini, in conseguenza di questa divisione violenta, sono costrette ad abbandonare la loro terra e forzatamente deportate.

Una folle corsa agli armamenti assorbe le risorse necessarie per lo sviluppo delle economie interne e per l'aiuto alle Nazioni più sfavorite. Il progresso scientifico e tecnologico, che dovrebbe contribuire al benessere dell'uomo, viene trasformato in uno strumento di guerra: scienza e tecnica sono usate per produrre armi sempre più perfezionate e distruttive, mentre ad un'ideologia, che è perversione dell'autentica filosofia, si chiede di fornire giustificazioni dottrinali per la nuova guerra. E questa non è solo attesa e preparata, ma è anche combattuta con enor-

[49] Cfr. Messaggio per la Giornata Mondiale della Pace 1980: *AAS* 71 (1979), 1572-1580.

me spargimento di sangue in varie parti del mondo. La logica dei blocchi, o imperi, denunciata nei Documenti della Chiesa e di recente nell'Enciclica *Sollicitudo rei socialis*[50], fa sì che le controversie e discordie insorgenti nei paesi del Terzo Mondo siano sistematicamente incrementate e sfruttate per creare difficoltà all'avversario.

I gruppi estremisti, che cercano di risolvere tali controversie con le armi, trovano facilmente appoggi politici e militari, sono armati ed addestrati alla guerra, mentre coloro che si sforzano di trovare soluzioni pacifiche ed umane, nel rispetto dei legittimi interessi di tutte le parti, rimangono isolati e spesso cadono vittima dei loro avversari. Anche la militarizzazione dei tanti Paesi del Terzo Mondo e le lotte fratricide che li hanno travagliati, la diffusione del terrorismo e di mezzi sempre più barbari di lotta politico-militare trovano una delle loro principali cause nella precarietà della pace che è seguita alla seconda guerra mondiale. Su tutto il mondo, infine, grava la minaccia di una guerra atomica, capace di condurre all'estinzione dell'umanità. La scienza, usata a fini militari, pone a disposizione dell'odio, incrementato dalle ideologie, lo strumento decisivo. Ma la guerra può terminare senza vincitori né vinti in un suicidio dell'umanità, ed allora bisogna ripudiare la logica che conduce ad essa, l'idea che la lotta per la distruzione dell'avversario, la contraddizione e la guerra stessa siano fattori di progresso e di avanzamento della storia[51]. Quando si comprende la necessità di questo ripudio, devono necessariamente entrare in crisi sia la logica della « guerra totale » sia quella della « lotta di classe ».

19. Alla fine della seconda guerra mondiale, però, un tale sviluppo è ancora in formazione nelle coscienze, ed il dato che si impone all'attenzione è l'estensione del totalitarismo comunista su oltre metà dell'Europa e su parte del mondo. La guerra, che avrebbe dovuto restituire la libertà e restaurare il diritto delle genti, si conclude senza aver conseguito questi fini, anzi in un modo che per molti popoli, specialmente per quelli che più avevano sofferto, apertamente li contraddice. Si può dire che la situazione venutasi a creare ha dato luogo a diverse risposte.

[50] Cfr. Lett. Enc. *Sollicitudo rei socialis*, 20: *l. c.*, 536 s.

[51] Cfr. GIOVANNI XXIII, Lett. Enc. *Pacem in terris* (11 aprile 1963), III: *AAS* 55 (1963), 286-289.

In alcuni Paesi e sotto alcuni aspetti si assiste ad uno sforzo positivo per ricostruire, dopo le distruzioni della guerra, una società democratica e ispirata alla giustizia sociale, la quale priva il comunismo del potenziale rivoluzionario costituito da moltitudini sfruttate e oppresse. Tali tentativi in genere cercano di mantenere i meccanismi del libero mercato, assicurando mediante la stabilità della moneta e la sicurezza dei rapporti sociali le condizioni di una crescita economica stabile e sana, in cui gli uomini col loro lavoro possano costruire un futuro migliore per sé e per i propri figli. Al tempo stesso, essi cercano di evitare che i meccanismi di mercato siano l'unico termine di riferimento della vita associata e tendono ad assoggettarli ad un controllo pubblico, che faccia valere il principio della destinazione comune dei beni della terra. Una certa abbondanza delle offerte di lavoro, un solido sistema di sicurezza sociale e di avviamento professionale, la libertà di associazione e l'azione incisiva del sindacato, la previdenza in caso di disoccupazione, gli strumenti di partecipazione democratica alla vita sociale, in questo contesto dovrebbero sottrarre il lavoro alla condizione di « merce » e garantire la possibilità di svolgerlo dignitosamente.

Ci sono, poi, altre forze sociali e movimenti ideali che si oppongono al marxismo con la costruzione di sistemi di « sicurezza nazionale », miranti a controllare in modo capillare tutta la società per rendere impossibile l'infiltrazione marxista. Esaltando ed accrescendo la potenza dello Stato, essi intendono preservare i loro popoli dal comunismo; ma, ciò facendo, corrono il grave rischio di distruggere quella libertà e quei valori della persona, in nome dei quali bisogna opporsi ad esso.

Un'altra forma di risposta pratica, infine, è rappresentata dalla società del benessere, o società dei consumi. Essa tende a sconfiggere il marxismo sul terreno di un puro materialismo, mostrando come una società di libero mercato possa conseguire un soddisfacimento più pieno dei bisogni materiali umani di quello assicurato dal comunismo, ed escludendo egualmente i valori spirituali.

In realtà, se da una parte è vero che questo modello sociale mostra il fallimento del marxismo nel costruire una società nuova e migliore, dall'altra, se nega autonoma esistenza e valore alla morale, al diritto, alla cultura e alla religione, converge con esso nel ridurre totalmente l'uomo alla sfera dell'economico e del soddisfacimento dei bisogni materiali.

20. Nel medesimo periodo si svolge un grandioso processo di « decolonizzazione », per il quale numerosi Paesi acquistano o riacquistano l'indipendenza e il diritto a disporre liberamente di sé. Con la riconquista formale della sovranità statuale, però, questi Paesi si trovano spesso appena all'inizio del cammino nella costruzione di un'autentica indipendenza. Difatti, settori decisivi dell'economia rimangono ancora nelle mani di grandi imprese straniere, che non accettano di legarsi durevolmente allo sviluppo del Paese che le ospita, e la stessa vita politica è controllata da forze straniere, mentre all'interno delle frontiere dello Stato convivono gruppi tribali, non ancora amalgamati in un'autentica comunità nazionale. Manca, inoltre, un ceto di professionisti competenti, capaci di far funzionare in modo onesto e regolare l'apparato dello Stato, e mancano anche i quadri per un'efficiente e responsabile gestione dell'economia.

Posta questa situazione, a molti sembra che il marxismo possa offrire come una scorciatoia per l'edificazione della Nazione e dello Stato, e nascono perciò diverse varianti del socialismo con un carattere nazionale specifico. Si mescolano così nelle molte ideologie, che vengono a formarsi in misura di volta in volta diversa, legittime esigenze di riscatto nazionale, forme di nazionalismo ed anche di militarismo, principi tratti da antiche tradizioni popolari, talvolta consonanti con la dottrina sociale cristiana, e concetti del marxismo-leninismo.

21. È da ricordare, infine, come dopo la seconda guerra mondiale ed anche per reazione ai suoi orrori, si è diffuso un sentimento più vivo dei diritti umani, che ha trovato riconoscimento in diversi *Documenti internazionali*[52] e nell'elaborazione, si direbbe, di un nuovo « diritto delle genti », a cui la Santa Sede ha dato un costante contributo. Perno di questa evoluzione è stata l'Organizzazione delle Nazioni Unite. Non solo è cresciuta la coscienza del diritto dei singoli, ma anche quella dei diritti delle Nazioni, mentre si avverte meglio la necessità di agire per sanare i gravi squilibri tra le diverse aree geografiche del

[52] Cfr. Dichiarazione Universale dei Diritti dell'Uomo, del 1948; Giovanni XXIII, Lett. Enc. *Pacem in terris*, IV: *l. c.*, 291-296; « Atto Finale » della Conferenza sulla Sicurezza e la Cooperazione in Europa (CSCE), Helsinki 1975.

mondo che, in un certo senso, hanno trasferito il centro della questione sociale dall'ambito nazionale al livello internazionale[53].

Nel prendere atto con soddisfazione di tale processo, non si può tuttavia tacere il fatto che il bilancio complessivo delle diverse politiche di aiuto allo sviluppo non è sempre positivo. Alle Nazioni Unite, inoltre, non è riuscito fino ad ora di costruire strumenti efficaci per la soluzione dei conflitti internazionali alternativi alla guerra, e sembra essere questo il problema più urgente che la comunità internazionale deve ancora risolvere.

Capitolo III
L'anno 1989

22. Partendo dalla situazione mondiale ora descritta, e già ampiamente esposta nell'Enciclica *Sollicitudo rei socialis*, si comprende l'inaspettata e promettente portata degli avvenimenti degli ultimi anni. Il loro culmine certo sono stati gli avvenimenti del 1989 nei Paesi dell'Europa centrale ed orientale, ma essi abbracciano un arco di tempo ed un orizzonte geografico più ampi. Nel corso degli anni '80 crollano progressivamente in alcuni Paesi dell'America Latina, ma anche dell'Africa e dell'Asia certi regimi dittatoriali ed oppressivi; in altri casi inizia un difficile, ma fecondo cammino di transizione verso forme politiche più partecipative e più giuste. Un contributo importante, anzi decisivo, ha dato *l'impegno della Chiesa per la difesa e la promozione dei diritti dell'uomo*: in ambienti fortemente ideologizzati, in cui lo schieramento di parte offuscava la consapevolezza della comune dignità umana, la Chiesa ha affermato con semplicità ed energia che ogni uomo – quali che siano le sue convinzioni personali – porta in sé l'immagine di Dio e, quindi, merita rispetto. In tale affermazione si è spesso riconosciuta la grande maggioranza del popolo, e ciò ha portato alla ricerca di forme di lotta e di soluzioni politiche più rispettose della dignità della persona.

[53] Cfr. Paolo VI, Lett. Enc. *Populorum progressio* (26 marzo 1967), 61-65: *AAS* 59 (1967), 287-289.

Da questo processo storico sono emerse nuove forme di democrazia, che offrono la speranza di un cambiamento nelle fragili strutture politiche e sociali, gravate dall'ipoteca di una penosa serie di ingiustizie e di rancori, oltre che da un'economia disastrata e da pesanti conflitti sociali. Mentre con tutta la Chiesa rendo grazie a Dio per la testimonianza, spesso eroica, che non pochi Pastori, intere comunità cristiane, singoli fedeli ed altri uomini di buona volontà hanno dato in tali difficili circostanze, prego perché egli sostenga gli sforzi di tutti per costruire un futuro migliore. È, questa, infatti una responsabilità non solo dei cittadini di quei paesi, ma di tutti i cristiani e degli uomini di buona volontà. Si tratta di mostrare che i complessi problemi di quei popoli possono essere risolti col metodo del dialogo e della solidarietà, anziché con la lotta per la distruzione dell'avversario e con la guerra.

23. Tra i numerosi fattori della caduta dei regimi oppressivi alcuni meritano di essere ricordati in particolare. Il fattore decisivo, che ha avviato i cambiamenti, è certamente la violazione dei diritti del lavoro. Non si può dimenticare che la crisi fondamentale dei sistemi, che pretendono di esprimere il governo ed anzi la dittatura degli operai, inizia con i grandi moti avvenuti in Polonia in nome della solidarietà. Sono le folle dei lavoratori a delegittimare l'ideologia, che presume di parlare in loro nome, ed a ritrovare e quasi riscoprire, partendo dall'esperienza vissuta e difficile del lavoro e dell'oppressione, espressioni e principi della dottrina sociale della Chiesa.

Merita, poi, di essere sottolineato il fatto che alla caduta di un simile « blocco », o impero, si arriva quasi dappertutto mediante una lotta pacifica, che fa uso delle sole armi della verità e della giustizia. Mentre il marxismo riteneva che solo portando agli estremi le contraddizioni sociali fosse possibile arrivare alla loro soluzione mediante lo scontro violento, le lotte che hanno condotto al crollo del marxismo insistono con tenacia nel tentare tutte le vie del negoziato, del dialogo, della testimonianza della verità, facendo appello alla coscienza dell'avversario e cercando di risvegliare in lui il senso della comune dignità umana.

Sembrava che l'ordine europeo, uscito dalla seconda guerra mondiale e consacrato dagli *Accordi di Yalta*, potesse essere scosso soltanto da un'altra guerra. È stato, invece, superato dall'impegno non violento di uomini che, mentre si sono sempre rifiutati di cedere al potere della forza, hanno saputo trovare di volta in volta forme efficaci per rendere testimonianza alla verità. Ciò ha disarmato l'avversario, perché la violenza ha sempre bisogno di legittimarsi con la menzogna, di assumere, pur se falsamente, l'aspetto della difesa di un diritto o della risposta a una minaccia altrui[54]. Ringrazio ancora Dio che ha sostenuto il cuore degli uomini nel tempo della difficile prova, pregando perché un tale esempio possa valere in altri luoghi ed in altre circostanze. Che gli uomini imparino a lottare per la giustizia senza violenza, rinunciando alla lotta di classe nelle controversie interne, come alla guerra in quelle internazionali.

24. Il secondo fattore di crisi è certamente l'inefficienza del sistema economico, che non va considerata come un problema soltanto tecnico, ma piuttosto come conseguenza della violazione dei diritti umani all'iniziativa, alla proprietà ed alla libertà nel settore dell'economia. A questo aspetto va poi associata la dimensione culturale e nazionale: non è possibile comprendere l'uomo partendo unilateralmente dal settore dell'economia, né è possibile definirlo semplicemente in base all'appartenenza di classe. L'uomo è compreso in modo più esauriente, se viene inquadrato nella sfera della cultura attraverso il linguaggio, la storia e le posizioni che egli assume davanti agli eventi fondamentali dell'esistenza, come il nascere, l'amare, il lavorare, il morire. Al centro di ogni cultura sta l'atteggiamento che l'uomo assume davanti al mistero più grande: il mistero di Dio. Le culture delle diverse Nazioni sono, in fondo, altrettanti modi di affrontare la domanda circa il senso dell'esistenza personale: quando tale domanda viene eliminata, si corrompono la cultura e la vita morale delle Nazioni. Per questo, la lotta per la difesa del lavoro si è spontaneamente collegata a quella per la cultura e per i diritti nazionali.

La vera causa delle novità, però, è il vuoto spirituale provocato dall'ateismo, il quale ha lasciato prive di orientamento le giovani generazioni e in non rari casi le ha indotte, nell'insopprimibile ricerca della propria identità e del senso della vita, a riscoprire le radici religiose della cultura delle loro Nazioni e la stessa persona di Cristo, come risposta esistenzialmente adeguata al desiderio di bene, di verità e di vita che è nel cuore

[54] Cfr. Messaggio per la Giornata Mondiale della Pace 1980: *l.c.*, 1572-1580.

di ogni uomo. Questa ricerca è stata confortata dalla testimonianza di quanti, in circostanze difficili e nella persecuzione, sono rimasti fedeli a Dio. Il marxismo aveva promesso di sradicare il bisogno di Dio dal cuore dell'uomo, ma i risultati hanno dimostrato che non è possibile riuscirci senza sconvolgere il cuore.

25. Gli avvenimenti dell'89 offrono l'esempio del successo della volontà di negoziato e dello spirito evangelico contro un avversario deciso a non lasciarsi vincolare da principi morali: essi sono un monito per quanti, in nome del realismo politico, vogliono bandire dall'arena politica il diritto e la morale. Certo la lotta, che ha portato ai cambiamenti dell'89, ha richiesto lucidità, moderazione, sofferenze e sacrifici; in un certo senso, essa è nata dalla preghiera, e sarebbe stata impensabile senza un'illimitata fiducia in Dio, Signore della storia, che ha nelle sue mani il cuore degli uomini. È unendo la propria sofferenza per la verità e per la libertà a quella di Cristo sulla Croce che l'uomo può compiere il miracolo della pace ed è in grado di scorgere il sentiero spesso angusto tra la viltà che cede al male e la violenza che, illudendosi di combatterlo, lo aggrava.

Non si possono, tuttavia, ignorare gli innumerevoli condizionamenti, in mezzo ai quali la libertà del singolo uomo si trova ad operare: essi influenzano, sì, ma non determinano la libertà; rendono più o meno facile il suo esercizio, ma non possono distruggerla. Non solo non è lecito disattendere dal punto di vista etico la natura dell'uomo che è fatto per la libertà, ma ciò non è neppure possibile in pratica. Dove la società si organizza riducendo arbitrariamente o, addirittura, sopprimendo la sfera in cui la libertà legittimamente si esercita, il risultato è che la vita sociale progressivamente si disorganizza e decade.

Inoltre, l'uomo creato per la libertà porta in sé la ferita del peccato originale, che continuamente lo attira verso il male e lo rende bisognoso di redenzione. Questa dottrina non solo è *parte integrante della Rivelazione cristiana*, ma ha anche un grande valore ermeneutico, in quanto aiuta a comprendere la realtà umana. L'uomo tende verso il bene, ma è pure capace di male; può trascendere il suo interesse immediato e, tuttavia, rimanere ad esso legato. L'ordine sociale sarà tanto più solido, quanto più terrà conto di questo fatto e non opporrà l'interesse personale a quello della società nel suo insieme, ma cercherà piuttosto i modi della loro fruttuosa coordinazione. Difatti, dove l'interesse individuale è violentemente soppresso, esso è sostituito da un pesante sistema di controllo burocratico, che inaridisce le fonti dell'iniziativa e della creatività. Quando gli uomini ritengono di possedere il segreto di un'organizzazione sociale perfetta che renda impossibile il male, ritengono anche di poter usare tutti i mezzi, anche la violenza o la menzogna, per realizzarla. La politica diventa allora una « religione secolare », che si illude di costruire il paradiso in questo mondo. Ma qualsiasi società politica, che possiede la sua propria autonomia e le sue proprie leggi[55], non potrà mai essere confusa col Regno di Dio. La parabola evangelica del buon grano e della zizzania (cfr. Mt 13, 24-30.36-43) insegna che spetta solo a Dio separare i soggetti del Regno ed i soggetti del Maligno, e che siffatto giudizio avrà luogo alla fine dei tempi. Pretendendo di anticipare fin d'ora il giudizio, l'uomo si sostituisce a Dio e si oppone alla sua pazienza.

Grazie al sacrificio di Cristo sulla Croce, la vittoria del Regno di Dio è acquisita una volta per tutte; tuttavia, la condizione cristiana comporta la lotta contro le tentazioni e le forze del male. Solo alla fine della storia il Signore ritornerà nella gloria per il giudizio finale (cfr. Mt 25, 31) con l'instaurazione dei cieli nuovi e della terra nuova (cfr. 2 Pt 3, 13; Ap 21, 1), ma, mentre dura il tempo, la lotta tra il bene e il male continua fin nel cuore dell'uomo.

Ciò che la Sacra Scrittura ci insegna in ordine ai destini del Regno di Dio non è senza conseguenze per la vita delle società temporali, le quali – come dice la parola – appartengono alle realtà del tempo con quanto esso comporta di imperfetto e di provvisorio. Il Regno di Dio, presente *nel* mondo senza essere del mondo, illumina l'ordine dell'umana società, mentre le energie della grazia lo penetrano e lo vivificano. Così son meglio avvertite le esigenze di una società degna dell'uomo, sono rettificate le deviazioni, è rafforzato il coraggio dell'operare per il bene. A tale compito di animazione evangelica delle realtà umane sono chiamati, unitamente a tutti gli uomini di buona volontà, i cristiani ed in special modo i laici[56].

[55] Cfr. Conc. Ecum. Vat. II, Costituzione pastorale sulla Chiesa nel mondo contemporaneo *Gaudium et spes*, 36; 39.
[56] Cfr. Esort. Ap. *Christifideles laici* (30 dicembre 1988), 32-44: *AAS* 81 (1989), 431-481.

26. Gli avvenimenti dell'89 si sono svolti prevalentemente nei Paesi dell'Europa orientale e centrale; tuttavia, hanno un'importanza universale, poiché ne discendono conseguenze positive e negative che interessano tutta la famiglia umana. Tali conseguenze non hanno un carattere meccanico o fatalistico, ma sono piuttosto occasioni offerte alla libertà umana per collaborare col disegno misericordioso di Dio che agisce nella storia.

Prima conseguenza è stato, in alcuni Paesi, *l'incontro tra la Chiesa e il Movimento operaio*, nato da una reazione di ordine etico ed esplicitamente cristiano contro una diffusa situazione di ingiustizia. Per circa un secolo detto Movimento era finito in parte sotto l'egemonia del marxismo, nella convinzione che i proletari, per lottare efficacemente contro l'oppressione, dovessero far proprie le teorie materialistiche ed economicistiche.

Nella crisi del marxismo riemergono le forme spontanee della coscienza operaia, che esprimono una domanda di giustizia e di riconoscimento della dignità del lavoro, conforme alla dottrina sociale della Chiesa[57]. Il Movimento operaio confluisce in un più generale movimento degli uomini del lavoro e degli uomini di buona volontà per la liberazione della persona umana e per l'affermazione dei suoi diritti; esso investe oggi molti Paesi e, lungi dal contrapporsi alla Chiesa cattolica, guarda ad essa con interesse.

La crisi del marxismo non elimina nel mondo le situazioni di ingiustizia e di oppressione, da cui il marxismo stesso, strumentalizzandole, traeva alimento. A coloro che oggi sono alla ricerca di una nuova ed autentica teoria e prassi di liberazione, la Chiesa offre non solo la sua dottrina sociale e, in generale, il suo insegnamento circa la persona redenta in Cristo, ma anche il concreto suo impegno ed aiuto per combattere l'emarginazione e la sofferenza.

Nel recente passato il sincero desiderio di essere dalla parte degli oppressi e di non esser tagliati fuori dal corso della storia ha indotto molti credenti a cercare in diversi modi un impossibile compromesso tra marxismo e cristianesimo. Il tempo presente, mentre supera tutto ciò che c'era di caduco in quei tentativi, induce a riaffermare la positività di un'autentica teo-

[57] Cf. Lett. Enc. *Laborem exercens*, 20: *l.c.*, 629-632.

logia dell'integrale liberazione umana[58]. Considerati da questo punto di vista, gli avvenimenti del 1989 risultano importanti anche per i Paesi del Terzo Mondo, che sono alla ricerca della via del loro sviluppo, come lo sono stati per quelli dell'Europa centrale ed orientale.

27. La seconda conseguenza riguarda i popoli dell'Europa. Molte ingiustizie, individuali e sociali, regionali e nazionali, sono state commesse negli anni in cui dominava il comunismo ed anche prima; molti odi e rancori si sono accumulati. È reale il pericolo che questi riesplodano dopo il crollo della dittatura, provocando gravi conflitti e lutti, se verranno meno la tensione morale e la forza cosciente di rendere testimonianza alla verità che hanno animato gli sforzi nel tempo passato. È da auspicare che l'odio e la violenza non trionfino nei cuori, soprattutto di coloro che lottano per la giustizia, e cresca in tutti lo spirito di pace e di perdono.

Occorrono, però, passi concreti per creare o consolidare strutture internazionali capaci di intervenire, per il conveniente arbitrato, nei conflitti che insorgono tra le Nazioni, sicché ciascuna di esse possa far valere i propri diritti e raggiungere il giusto accordo e la pacifica composizione con i diritti delle altre. Tutto ciò è particolarmente necessario per le Nazioni europee, unite intimamente tra loro nel vincolo della comune cultura e storia millenaria. Occorre un grande sforzo per la ricostruzione morale ed economica nei Paesi che hanno abbandonato il comunismo. Per molto tempo le relazioni economiche più elementari sono state distorte, ed anche fondamentali virtù legate al settore dell'economia, come la veridicità, l'affidabilità, la laboriosità, sono state mortificate. Occorre una paziente ricostruzione materiale e morale, mentre i popoli stremati da lunghe privazioni chiedono ai loro governanti risultati tangibili ed immediati di benessere ed adeguato soddisfacimento delle loro legittime aspirazioni.

La caduta del marxismo naturalmente ha avuto effetti di grande portata in ordine alla divisione della terra in mondi chiusi l'uno all'altro ed in gelosa concorrenza tra loro. Essa mette in luce più chiaramente la realtà dell'interdipendenza dei popoli,

[58] Cfr. Congregazione per la Dottrina della Fede, Istruzione sulla libertà cristiana e la liberazione *Libertatis conscientia* (22 marzo 1986): *AAS* 79 (1987), 554-599.

nonché il fatto che il lavoro umano per sua natura è destinato ad unire i popoli, non già a dividerli. La pace e la prosperità, infatti, sono beni che appartengono a tutto il genere umano, sicché non è possibile goderne correttamente e durevolmente se vengono ottenuti e conservati a danno di altri popoli e Nazioni, violando i loro diritti o escludendoli dalle fonti del benessere.

28. Per alcuni Paesi di Europa inizia, in un certo senso, il vero dopoguerra. Il radicale riordinamento delle economie, fino a ieri collettivizzate, comporta problemi e sacrifici, i quali possono esser paragonati a quelli che i Paesi occidentali del Continente si imposero per la loro ricostruzione dopo il secondo conflitto mondiale. È giusto che nelle presenti difficoltà i Paesi ex-comunisti siano sostenuti dallo sforzo solidale delle altre Nazioni: ovviamente, essi devono essere i primi artefici del proprio sviluppo; ma deve esser data loro una ragionevole opportunità di realizzarlo, e ciò non può avvenire senza l'aiuto degli altri Paesi. Del resto, la presente condizione di difficoltà e di penuria è la conseguenza di un processo storico, di cui i Paesi ex-comunisti sono stati spesso oggetto, e non soggetto: essi, perciò, si trovano in tale situazione non per libera scelta o a causa di errori commessi, ma in conseguenza di tragici eventi storici imposti con la violenza, i quali hanno loro impedito di proseguire lungo la via dello sviluppo economico e civile.

L'aiuto degli altri Paesi soprattutto europei, che hanno avuto parte nella medesima storia e ne portano la responsabilità, corrisponde ad un debito di giustizia. Ma corrisponde anche all'interesse ed al bene generale dell'Europa, che non potrà vivere in pace, se i conflitti di diversa natura, che emergono come conseguenza del passato, saranno resi più acuti da una situazione di disordine economico, di spirituale insoddisfazione e disperazione.

Questa esigenza, però, non deve indurre a rallentare gli sforzi per il sostegno e l'aiuto ai Paesi del Terzo Mondo, che soffrono spesso di condizioni di insufficienza e di povertà assai più gravi[59]. Sarà necessario uno sforzo straordinario per mobilita-

[59] Cfr. Discorso nella sede del Consiglio della C.E.A.O. in occasione del X anniversario dell'« Appello per il Sahel » (Ouagadougou, Burkina Faso, 29 gennaio 1990): *AAS* 82 (1990), 816-821.

re le risorse, di cui il mondo nel suo insieme non è privo, verso fini di crescita economica e di sviluppo comune, ridefinendo le priorità e le scale di valori, in base alle quali si decidono le scelte economiche e politiche. Ingenti risorse possono essere rese disponibili col disarmo degli enormi apparati militari, costruiti per il conflitto tra Est e Ovest. Esse potranno risultare ancora più ingenti, se si riuscirà a stabilire affidabili procedure per la soluzione dei conflitti, alternative alla guerra, ed a diffondere, quindi, il principio del controllo e della riduzione degli armamenti anche nei Paesi del Terzo Mondo, adottando opportune misure contro il loro commercio[60]. Ma soprattutto sarà necessario abbandonare la mentalità che considera i poveri – persone e popoli – come un fardello e come fastidiosi importuni, che pretendono di consumare quanto altri han prodotto. I poveri chiedono il diritto di partecipare al godimento dei beni materiali e di mettere a frutto la loro capacità di lavoro, creando così un mondo più giusto e per tutti più prospero. L'elevazione dei poveri è una grande occasione per la crescita morale, culturale ed anche economica dell'intera umanità.

29. Lo sviluppo, infine, non deve essere inteso in un modo eslcusivamente economico, ma in senso integralmente umano[61]. Non si tratta solo di elevare tutti i popoli al livello di cui godono oggi i Paesi più ricchi, ma di costruire nel lavoro solidale una vita più degna, di far crescere effettivamente la dignità e la creatività di ogni singola persona, la sua capacità di rispondere alla propria vocazione e, dunque, all'appello di Dio, in essa contenuto. Al culmine dello sviluppo sta l'esercizio del diritto-dovere di cercare Dio, di conoscerlo e di vivere secondo tale conoscenza[62]. Nei regimi totalitari ed autoritari è stato portato all'estremo il principio del primato della forza sulla ragione. L'uomo è stato costretto a subire una concezione della realtà imposta con la forza, e non conseguita mediante lo sforzo della propria ragione e l'esercizio della propria libertà. Bisogna rovesciare quel principio e riconoscere integralmente *i diritti della coscienza umana*, legata solo alla verità sia naturale che rivelata. Nel riconoscimento di questi diritti consiste il fonda-

60 Cfr. Giovanni XXIII, Lett. Enc. *Pacem in terris*, III: *l.c.*, 286-288.
61 Cfr. Lett. Enc. *Sollicitudo rei socialis*, 27-28: *l. c.*, 547-550; Paolo VI, Lett. Enc. *Populorum progressio*, 43-44: *l. c.*, 278 s.
62 Cfr. Lett. Enc. *Sollicitudo rei socialis*, 29-31: *l. c.*, 550-556.

mento primario di ogni ordinamento politico autenticamente libero[63]. È importante riaffermare tale principio per vari motivi:

a) perché le antiche forme di totalitarismo e di autoritarismo non sono ancora del tutto debellate, ed esiste anzi il rischio che riprendano vigore: ciò sollecita ad un rinnovato sforzo di collaborazione e di solidarietà tra tutti i Paesi;

b) perché nei Paesi sviluppati si fa a volte un'eccessiva propaganda dei valori puramente utilitaristici, con la sollecitazione sfrenata degli istinti e delle tendenze al godimento immediato, la quale rende difficile il riconoscimento ed il rispetto della gerarchia dei veri valori dell'umana esistenza;

c) perché in alcuni Paesi emergono nuove forme di fondamentalismo religioso che, velatamente o anche apertamente, negano ai cittadini di fedi diverse da quelle della maggioranza il pieno esercizio dei loro diritti civili o religiosi, impediscono loro di entrare nel dibattito culturale, restringono il diritto della Chiesa a predicare il Vangelo e il diritto degli uomini, che ascoltano tale predicazione, ad accoglierla ed a convertirsi a Cristo. Nessun autentico progresso è possibile senza il rispetto del naturale ed originario diritto di conoscere la verità e di vivere secondo essa. A questo diritto è legato, come suo esercizio ed approfondimento, il diritto di scoprire e di accogliere liberamente Gesù Cristo, che è il vero bene dell'uomo[64].

Capitolo IV

La proprietà privata e l'universale destinazione dei beni

30. Nella *Rerum Novarum* Leone XIII affermava con forza e con vari argomenti, contro il socialismo del suo tempo, il carattere naturale del diritto di proprietà privata[65]. Tale diritto,

[63] Cfr. Atto di Helsinki e Accordo di Vienna; Leone XIII, Lett. Enc. *Libertas praestantissimum: l. c.*, 215-217.
[64] Cfr. Lett. Enc. *Redemptoris missio* (7 dicembre 1990), 7: *L'Osservatore Romano*, 23 gennaio 1991.
[65] Cfr. Lett. Enc. *Rerum Novarum: l. c.*, 99-107; 131-133.

fondamentale per l'autonomia e lo sviluppo della persona, è stato sempre difeso dalla Chiesa fino ai nostri giorni. Parimenti, la Chiesa insegna che la proprietà dei beni non è un diritto assoluto, ma porta inscritti nella sua natura di diritto umano i propri limiti. Mentre proclamava il diritto di proprietà privata, il Pontefice affermava con pari chiarezza che l'« uso » dei beni, affidato alla libertà, è subordinato alla loro originaria destinazione comune di beni creati ed anche alla volontà di Gesù Cristo, manifestata nel Vangelo. Infatti scriveva: « I fortunati dunque sono ammoniti...: i ricchi debbono tremare, pensando alle minacce di Gesù Cristo...; dell'uso dei loro beni dovranno un giorno rendere rigorosissimo conto a Dio giudice »; e, citando san Tommaso d'Aquino, aggiungeva: « Ma se si domanda quale debba essere l'uso di tali beni, la Chiesa... non esita a rispondere che a questo proposito l'uomo non deve possedere i beni esterni come propri, ma come comuni », perché « sopra le leggi e i giudizi degli uomini sta la legge, il giudizio di Cristo »[66].

I successori di Leone XIII hanno ripetuto la duplice affermazione: la necessità e, quindi, la liceità della proprietà privata ed insieme i limiti che gravano su di essa[67]. Anche il Concilio Vaticano II ha riproposto la dottrina tradizionale con parole che meritano di essere riportate esattamente: « L'uomo, usando di questi beni, deve considerare le cose esteriori che legittimamente possiede non solo come proprie, ma anche come comuni, nel senso che possono giovare non unicamente a lui, ma anche agli altri ». E poco oltre: « La proprietà privata o un qualche potere sui beni esterni assicurano a ciascuno una zona del tutto necessaria di autonomia personale e familiare, e devono considerarsi come un prolungamento della libertà umana... La stessa proprietà privata ha per sua natura anche una funzione sociale, che si fonda sulla legge della comune destinazione dei beni »[68]. La stessa dottrina ha ripreso prima nel discorso alla II Conferenza dell'Episcopato latino-americano a Puebla, e poi nelle Encicliche *Laborem exercens* e *Sollicitudo rei socialis*[69].

66 *Ibid.: l. c.,* 111-113 s.

67 Cfr. Pio XI, Lett. Enc. *Quadragesimo anno,* II: *l. c.,* 191; Pio XII, Messaggio Radiofonico del 1° giugno 1941: *l. c.,* 199; GiovanniXXIII, Lett. Enc. *Mater et Magistra: l. c.,* 428-429; Paolo VI, Lett. Enc. *Populorum progressio,* 22-24: *l. c.,* 268 s.

68 Cost. past. sulla Chiesa nel mondo contemporaneo *Gaudium et spes,* 69; 71.

69 Cfr. Discorso ai Vescovi Latinoamericani a Puebla (28 gennaio 1979), III, 4: *AAS* 71 (1979), 199-201; Lett. Enc. *Laborem exercens,* 14: *l. c.,* 612-616; Lett. Enc. *Sollicitudo rei socialis,* 42: *l. c.* 572-574.

31. Rileggendo tale insegnamento sul diritto di proprietà e la destinazione comune dei beni in rapporto al nostro tempo, si può porre la domanda circa l'origine dei beni che sostentano la vita dell'uomo, soddisfano i suoi bisogni e sono oggetto dei suoi diritti.

La prima origine di tutto ciò che è bene è l'atto stesso di Dio che ha creato la terra e l'uomo, ed all'uomo ha dato la terra perché la domini col suo lavoro e ne goda i frutti (cfr. Gn 1, 28-29). Dio ha dato la terra a tutto il genere umano, perché essa sostenti tutti i suoi membri, senza escludere né privilegiare nessuno. È qui *la radice dell'universale destinazione dei beni della terra*. Questa, in ragione della sua stessa fecondità e capacità di soddisfare i bisogni dell'uomo, è il primo dono di Dio per il sostentamento della vita umana. Ora, la terra non dona i suoi frutti senza una peculiare risposta dell'uomo al dono di Dio, cioè senza il lavoro: è mediante il lavoro che l'uomo, usando la sua intelligenza e la sua libertà, riesce a dominarla e ne fa la sua degna dimora. In tal modo egli fa propria una parte della terra, che appunto si è acquistata col lavoro. È qui *l'origine della proprietà individuale*. E ovviamente egli ha anche la responsabilità di non impedire che altri uomini abbiano la loro parte del dono di Dio, anzi deve cooperare con loro per dominare insieme tutta la terra.

Nella storia si ritrovano sempre questi due fattori, *il lavoro* e *la terra*, al principio di ogni società umana; non sempre, però, essi stanno nella medesima relazione tra loro. Un tempo *la naturale fecondità della terra* appariva e di fatto era il principale fattore della ricchezza, mentre il lavoro era come l'aiuto ed il sostegno di tale fecondità. Nel nostro tempo diventa sempre più rilevante *il ruolo del lavoro umano*, come fattore produttivo delle ricchezze immateriali e materiali; diventa, inoltre, evidente come il lavoro di un uomo si intrecci naturalmente con quello di altri uomini. Oggi più che mai lavorare è un *lavorare con gli altri* e un *lavorare per gli altri*: è un fare qualcosa per qualcuno. Il lavoro è tanto più fecondo e produttivo, quanto più l'uomo è capace di conoscere le potenzialità produttive della terra e di leggere in profondità i bisogni dell'altro uomo, per il quale il lavoro è fatto.

32. Ma un'altra forma di proprietà esiste, in particolare, nel nostro tempo e riveste un'importanza non inferiore a quella della

terra: *è la proprietà della conoscenza, della tecnica e del sapere*. Su questo tipo di proprietà si fonda la ricchezza delle Nazioni industrializzate molto più che su quella delle risorse naturali.

Si è ora accennato al fatto che *l'uomo lavora con gli altri uomini*, partecipando ad un « lavoro sociale » che abbraccia cerchi progressivamente più ampi. Chi produce un oggetto, lo fa in genere, oltre che per l'uso personale, perché altri, possano usarne dopo aver pagato il giusto prezzo, stabilito di comune accordo mediante una libera trattativa. Ora, proprio la capacità di conoscere tempestivamente i bisogni degli altri uomini e le combinazioni dei fattori produttivi più idonei a soddisfarli, è un'altra importante fonte di ricchezza nella società moderna. Del resto, molti beni non possono essere prodotti in modo adeguato dall'opera di un solo individuo, ma richiedono la collaborazione di molti al medesimo fine. Organizzare un tale sforzo produttivo, pianificare la sua durata nel tempo, procurare che esso corrisponda in modo positivo ai bisogni che deve soddisfare, assumendo i rischi necessari: è, anche questo, una fonte di ricchezza nell'odierna società. Così diventa sempre più evidente e determinante *il ruolo del lavoro umano* disciplinato e creativo e – quale parte essenziale di tale lavoro – *delle capacità di iniziativa e di imprenditorialità*[70].

Un tale processo, che mette concretamente in luce una verità sulla persona incessantemente affermata dal cristianesimo, deve essere riguardato con attenzione e favore. In effetti, la principale risorsa dell'uomo insieme con la terra è *l'uomo stesso*. È la sua intelligenza che fa scoprire le potenzialità produttive della terra e le multiformi modalità con cui i bisogni umani possono essere soddisfatti. È il suo disciplinato lavoro, in solidale collaborazione, che consente la creazione di *comunità di lavoro* sempre più ampie ed affidabili per operare la trasformazione dell'ambiente naturale e dello stesso ambiente umano. In questo processo sono coinvolte importanti virtù, come la diligenza, la laboriosità, la prudenza nell'assumere i ragionevoli rischi, l'affidabilità e la fedeltà nei rapporti interpersonali, la fortezza nell'esecuzione di decisioni difficili e dolorose, ma necessarie per il lavoro comune dell'azienda e per far fronte agli eventuali rovesci di fortuna.

70 Cfr. Lett. Enc. *Sollicitudo rei socialis*, 15: *l. c.*, 528-531.

La moderna *economia d'impresa* comporta aspetti positivi, la cui radice è la libertà della persona, che si esprime in campo economico come in tanti altri campi. L'economia, infatti, è un settore della multiforme attività umana, ed in essa, come in ogni altro campo, vale il diritto alla libertà, come il dovere di fare un uso responsabile di essa. Ma è importante notare che ci sono differenze specifiche tra queste tendenze della moderna società e quelle del passato anche recente. Se un tempo il fattore decisivo della produzione era *la terra* e più tardi *il capitale*, inteso come massa di macchinari e di beni strumentali, oggi il fattore decisivo è sempre più *l'uomo stesso*, e cioè la sua capacità di conoscenza che viene in luce mediante il sapere scientifico, la sua capacità di organizzazione solidale, la sua capacità di intuire e soddisfare il bisogno dell'altro.

33. Non si possono, tuttavia, non denunciare i rischi ed i problemi connessi con questo tipo di processo. Di fatto, oggi molti uomini, forse la grande maggioranza, non dispongono di strumenti che consentono di entrare in modo effettivo ed umanamente degno all'interno di un sistema di impresa, nel quale il lavoro occupa una posizione davvero centrale. Essi non hanno la possibilità di acquisire le conoscenze di base, che permettono di esprimere la loro creatività e di sviluppare le loro potenzialità, né di entrare nella rete di conoscenze ed intercomunicazioni, che consentirebbe di vedere apprezzate ed utilizzate la loro qualità. Essi insomma, se non proprio sfruttati, sono ampiamente emarginati, e lo sviluppo economico si svolge, per così dire, sopra la loro testa, quando non restringe addirittura gli spazi già angusti delle loro antiche economie di sussistenza. Incapaci di resistere alla concorrenza di merci prodotte in modi nuovi e ben rispondenti ai bisogni, che prima essi solevano fronteggiare con forme organizzative tradizionali, allettati dallo splendore di un'opulenza ostentata, ma per loro irraggiungibile e, al tempo stesso, stretti dalla necessità, questi uomini affollano le città del Terzo Mondo, dove spesso sono culturalmente sradicati e si trovano in situazioni di violenta precarietà, senza possibilità di integrazione. Ad essi di fatto non si riconosce dignità, e talora si cerca di eliminarli dalla storia mediante forme coatte di controllo demografico, contrarie alla dignità umana.

Molti altri uomini, pur non essendo del tutto emarginati, vivono all'interno di ambienti in cui è assolutamente primaria la lotta per il necessario e vigono ancora le regole del capitalismo delle origini, nella « spietatezza » di una situazione che non ha nulla da invidiare a quella dei momenti più bui della prima fase di industrializzazione. In altri casi è ancora la terra ad essere l'elemento centrale del processo economico, e coloro che la coltivano, esclusi dalla sua proprietà, sono ridotti in condizioni di semi-servitù[71]. In questi casi si può ancora oggi, come al tempo della *Rerum Novarum*, parlare di uno sfruttamento inumano. Nonostante i grandi mutamenti avvenuti nelle società più avanzate, le carenze umane del capitalismo, col conseguente dominio delle cose sugli uomini, sono tutt'altro che scomparse; anzi, per i poveri alla mancanza di beni materiali si è aggiunta quella del sapere e della conoscenza, che impedisce loro di uscire dallo stato di umiliante subordinazione.

Purtroppo, la grande maggioranza degli abitanti del Terzo Mondo vive ancora in simili condizioni. Sarebbe, però, errato intendere questo Mondo in un senso soltanto geografico. In alcune regioni ed in alcuni settori sociali di esso sono stati attivati processi di sviluppo incentrati non tanto sulla valorizzazione delle risorse materiali, quanto su quella della « risorsa umana ».

In anni non lontani è stato sostenuto che lo sviluppo dipendesse dall'isolamento dei Paesi più poveri dal mercato mondiale e dalla loro fiducia nelle sole proprie forze. L'esperienza recente ha dimostrato che i Paesi che si sono esclusi hanno conosciuto stagnazione e regresso, mentre hanno conosciuto lo sviluppo i Paesi che sono riusciti ad entrare nella generale interconnessione delle attività economiche a livello internazionale. Sembra, dunque, che il maggior problema sia quello di ottenere un equo accesso al mercato internazionale, fondato non sul principio unilaterale dello sfruttamento delle risorse naturali, ma sulla valorizzazione delle risorse umane[72].

Aspetti tipici del Terzo Mondo, però, emergono anche nei Paesi sviluppati, dove l'incessante trasformazione dei modi di produrre e di consumare svaluta certe conoscenze già acquisite e professionalità consolidate, esigendo un continuo sforzo di riqualificazione e di aggiornamento. Coloro che non riescono a tenersi al passo con i tempi possono facilmente essere emargi-

71 Cfr. Lett. Enc. *Laborem exercens*, 21: *l. c.*, 632-634.
72 Cfr. Paolo VI, Enc. *Populorum progressio*, 33-42: *l. c.*, 273-278.

nati; insieme con essi lo sono gli anziani, i giovani incapaci di ben inserirsi nella vita sociale e, in genere, i soggetti più deboli e il cosiddetto Quarto Mondo. Anche la situazione della donna in queste condizioni è tutt'altro che facile.

34. Sembra che, tanto a livello delle singole Nazioni quanto a quello dei rapporti internazionali, *il libero mercato* sia lo strumento più efficace per collocare le risorse e rispondere efficacemente ai bisogni. Ciò, tuttavia, vale solo per quei bisogni che sono « solvibili », che dispongono di un potere d'acquisto, e per quelle risorse che sono « vendibili », in grado di ottenere un prezzo adeguato. Ma esistono numerosi bisogni umani che non hanno accesso al mercato. È stretto dovere di giustizia e di verità impedire che i bisogni umani fondamentali rimangano insoddisfatti e che gli uomini che ne sono oppressi periscano. È, inoltre, necessario che questi uomini bisognosi siano aiutati ad acquisire le conoscenze, ad entrare nel circolo delle interconnessioni, a sviluppare le loro attitudini per valorizzare al meglio capacità e risorse. Prima ancora della logica dello scambio degli equivalenti e delle forme di giustizia, che le son proprie, esiste un *qualcosa che è dovuto all'uomo perché è uomo*, in forza della sua eminente dignità. Questo *qualcosa* dovuto comporta inseparabilmente la possibilità di sopravvivere e di dare un contributo attivo al bene comune dell'umanità.

Nei contesti di Terzo Mondo conservano la loro validità (in certi casi è ancora un traguardo da raggiungere) proprio quegli obiettivi indicati dalla *Rerum Novarum*, per evitare la riduzione del lavoro dell'uomo e dell'uomo stesso al livello di una semplice merce: il salario sufficiente per la vita della famiglia; le assicurazioni sociali per la vecchiaia e la disoccupazione; la tutela adeguata delle condizioni di lavoro.

35. Si apre qui un grande e fecondo *campo di impegno e di lotta*, nel nome della giustizia, per i sindacati e per le altre organizzazioni dei lavoratori, che ne difendono i diritti e ne tutelano la soggettività, svolgendo al tempo stesso una funzione essenziale di carattere culturale, per farli partecipare in modo più pieno e degno alla vita della nazione ed aiutarli lungo il cammino dello sviluppo.

In questo senso si può giustamente parlare di lotta contro un sistema economico, inteso come metodo che assicura l'assoluta prevalenza del capitale, del possesso degli strumenti di produzione e della terra rispettto alla libera soggettività del lavoro dell'uomo[73]. A questa lotta contro un tale sistema non si pone, come modello alternativo, il sistema socialista, che di fatto risulta essere un capitalismo di stato, ma una *società del lavoro libero, dell'impresa e della partecipazione*. Essa non si oppone al mercato, ma chiede che sia opportunamente controllato dalle forze sociali e dallo Stato, in modo da garantire la soddisfazione delle esigenze fondamentali di tutta la società.

La Chiesa riconosce la giusta *funzione del profitto*, come indicatore del buon andamento dell'azienda: quando un'azienda produce profitto, ciò significa che i fattori produttivi sono stati adeguatamente impiegati ed i corrispettivi bisogni umani debitamente soddisfatti. Tuttavia, il profitto non è l'unico indice delle condizioni dell'azienda. È possibile che i conti economici siano in ordine ed insieme che gli uomini, che costituiscono il patrimonio più prezioso dell'azienda, siano umiliati e offesi nella loro dignità. Oltre ad essere moralmente inammissibile, ciò non può non avere in prospettiva riflessi negativi anche per l'efficienza economica dell'azienda. Scopo dell'impresa, infatti, non è semplicemente la produzione del profitto, bensì l'esistenza stessa dell'impresa come *comunità di uomini* che, in diverso modo, perseguono il soddisfacimento dei loro fondamentali bisogni e costituiscono un particolare gruppo al servizio dell'intera società. Il profitto è un regolatore della vita dell'azienda, ma non è l'unico; ad esso va aggiunta la considerazione di *altri fattori umani e morali* che, a lungo periodo, sono almeno egualmente essenziali per la vita dell'impresa.

Si è visto come è inaccettabile l'affermazione che la sconfitta del cosiddetto « socialismo reale » lasci il capitalismo come unico modello di organizzazione economica. Occorre rompere le barriere e i monopoli che lasciano tanti popoli ai margini dello sviluppo, assicurare a tutti – individui e Nazioni – le condizioni di base, che consentano di partecipare allo sviluppo. Tale obiettivo richiede sforzi programmati e responsabili da parte di tutta la comunità internazionale. Occorre che le Nazioni più forti sappiano offrire a quelle più deboli occasioni di inserimento nella vita internazionale, e che quelle più deboli sappiano cogliere tali occasioni, facendo gli sforzi e i sacrifici necessari,

[73] Cfr. Lett. Enc. *Laborem exercens*, 7: *l. c.*, 592-594.

assicurando la stabilità del quadro politico ed economico, la certezza di prospettive per il futuro, la crescita delle capacità dei propri lavoratori, la formazione di imprenditori efficienti e consapevoli delle loro responsabilità[74].

Al presente sugli sforzi positivi che sono compiuti in proposito grava il problema, in gran parte ancora irrisolto, del debito estero dei Paesi più poveri. È certamente giusto il principio che i debiti debbano essere pagati; non è lecito, però, chiedere o pretendere un pagamento, quando questo verrebbe ad imporre di fatto scelte politiche tali da spingere alla fame e alla disperazione intere popolazioni. Non si può pretendere che i debiti contratti siano pagati con insopportabili sacrifici. In questi casi è necessario – come, del resto, sta in parte avvenendo – trovare modalità di alleggerimento, di dilazione o anche di estinzione del debito, compatibili col fondamentale diritto dei popoli alla sussistenza ed al progresso.

36. Conviene ora rivolgere l'attenzione agli specifici problemi ed alle minacce, che insorgono all'interno delle economie più avanzate e sono connesse con le loro peculiari caratteristiche. Nelle precedenti fasi dello sviluppo, l'uomo è sempre vissuto sotto il peso della necessità: i suoi bisogni erano pochi, fissati in qualche modo già nelle strutture oggettive della sua costituzione corporea, e l'attività economica era rientrata a soddisfarli. È chiaro che oggi il problema non è solo di offrirgli una quantità di beni sufficienti, ma è quello di rispondere ad una *domanda di qualità*: qualità delle merci da produrre e da consumare; qualità dei servizi di cui usufruire; qualità dell'ambiente e della vita in generale.

La domanda di un'esistenza qualitativamente più soddisfacente e più ricca è in sé cosa legittima; ma non si possono non sottolineare le nuove responsabilità ed i pericoli connessi con questa fase storica. Nel modo in cui insorgono e sono definiti i nuovi bisogni, è sempre operante una concezione più o meno adeguata dell'uomo e del suo vero bene: attraverso le scelte di produzione e di consumo si manifesta una determinata cultura, come concezione globale della vita. È qui che sorge *il fenomeno del consumismo*. Individuando nuovi bisogni e nuove modalità per il loro soddisfacimento, è necessario lasciarsi guidare da

[74] Cfr. *ibid.*, 8: *l. c.*, 594-598.

un'immagine integrale dell'uomo, che rispetti tutte le dimensioni del suo essere e subordini quelle materiali e istintive a quelle interiori e spirituali. Al contrario, rivolgendosi direttamente ai suoi istinti e prescindendo in diverso modo dalla sua realtà personale cosciente e libera, si possono creare *abitudini di consumo* e *stili di vita* oggettivamente illeciti e spesso dannosi per la sua salute fisica e spirituale. Il sistema economico non possiede al suo interno criteri che consentano di distinguere correttamente le forme nuove e più elevate di soddisfacimento dei bisogni umani dai nuovi bisogni indotti, che ostacolano la formazione di una matura personalità. È, perciò, necessaria ed urgente una *grande opera educativa e culturale*, la quale comprenda l'educazione dei consumatori ad un uso responsabile del loro potere di scelta, la formazione di un alto senso di responsabilità nei produttori e, soprattutto, nei professionisti delle comunicazioni di massa, oltre che il necessario intervento delle pubbliche Autorità.

Un esempio vistoso di consumo artificiale, contrario alla salute e alla dignità dell'uomo e certo non facile a controllare, è quello della droga. La sua diffusione è indice di una grave disfunzione del sistema sociale e sottintende anch'essa una « lettura » materialistica e, in un certo senso, distruttiva dei bisogni umani. Così la capacità innovativa dell'economia libera finisce con l'attuarsi in modo unilaterale ed inadeguato. La droga come anche la pornografia ed altre forme di consumismo, sfruttando la fragilità dei deboli, tentano di riempire il vuoto spirituale che si è venuto a creare.

Non è male desiderare di viver meglio, ma è sbagliato lo stile di vita che si presume esser migliore, quando è orientato all'avere e non all'essere e vuole avere di più non per essere di più, ma per consumare l'esistenza in un godimento fine a se stesso[75]. È necessario, perciò, adoperarsi per costruire stili di vita, nei quali la ricerca del vero, del bello e del buono e la comunione con gli altri uomini per una crescita comune siano gli elementi che determinano le scelte dei consumi, dei risparmi e degli investimenti. In proposito, non posso ricordare solo il dovere della carità, cioè il dovere di sovvenire col proprio « su-

[75] Cfr. CONC. ECUM. VAT. II, Cost. past. sulla Chiesa nel mondo contemporaneo *Gaudium et spes*, 35; PAOLO VI, Lett. Enc. *Popolorum progressio*, 19: *l. c.*, 266 s.

perfluo» e, talvolta, anche col proprio «necessario» per dare ciò che è indispensabile alla vita del povero. Alludo al fatto che anche la scelta di investire in un luogo piuttosto che in un altro, in un settore produttivo piuttosto che in un altro, è sempre una *scelta morale e culturale*. Poste certe condizioni economiche e di stabilità politica assolutamente imprescindibili, la decisione di investire, cioè di offrire ad un popolo l'occasione di valorizzare il proprio lavoro è anche determinata da un atteggiamento di simpatia e dalla fiducia nella provvidenza, che rivelano la qualità umana di colui che decide.

37. Del pari preoccupante, accanto al problema del consumismo e con esso strettamente connessa, è la *questione ecologica*. L'uomo, preso dal desiderio di avere e di godere, più che di essere e di crescere, consuma in maniera eccessiva e disordinata le risorse della terra e la sua stessa vita. Alla radice dell'insensata distruzione dell'ambiente naturale c'è un errore antropologico, purtroppo diffuso nel nostro tempo. L'uomo, che scopre la sua capacità di traformare e, in un certo senso, di creare il mondo col proprio lavoro, dimentica che questo si svolge sempre sulla base della prima originaria donazione delle cose da parte di Dio. Egli pensa di poter disporre arbitrariamente della terra, assoggettandola senza riserve alla sua volontà, come se essa non avesse una propria forma ed una destinazione anteriore datale da Dio, che l'uomo può, sì, sviluppare, ma non deve tradire. Invece di svolgere il suo ruolo di collaboratore di Dio nell'opera della creazione, l'uomo si sostituisce a Dio e così finisce col provocare la ribellione della natura, piuttosto tiranneggiata che governata da lui[76].

Si avverte in ciò, prima di tutto, una povertà o meschinità dello sguardo dell'uomo, animato dal desiderio di possedere le cose anziché di riferirle alla verità, e privo di quell'atteggiamento disinteressato, gratuito, estetico che nasce dallo stupore per l'essere e per la bellezza, il quale fa leggere nelle cose visibili il messaggio del Dio invisibile che le ha create. Al riguardo, l'umanità di oggi deve essere conscia dei suoi doveri e compiti verso le generazioni future.

[76] Cfr. Lett. Enc. *Sollicitudo rei socialis*, 34: *l. c.*, 559 s.; Messaggio per la Giornata Mondiale della Pace 1990: *AAS* 82 (1990), 147-156.

38. Oltre all'irrazionale distruzione dell'ambiente naturale è qui da ricordare quella, ancor più grave, dell'*ambiente umano*, a cui peraltro si è lontani dal prestare la necessaria attenzione. Mentre ci si preoccupa giustamente, anche se molto meno del necessario, di preservare gli « habitat » naturali delle diverse specie animali minacciate di estinzione, perché ci si rende conto che ciascuna di esse apporta un particolare contributo all'equilibrio generale della terra, ci si impegna troppo poco per *salvaguardare le condizioni morali di un'autentica « ecologia umana »*. Non solo la terra è stata data da Dio all'uomo, che deve usarla rispettando l'intenzione originaria di bene, secondo la quale gli è stata donata; ma l'uomo è donato a se stesso da Dio e deve, perciò, rispettare la struttura naturale e morale, di cui è stato dotato. Sono da menzionare, in questo contesto, i gravi problemi della moderna urbanizzazione, la necessità di un urbanesimo preoccupato della vita delle persone, come anche la debita attenzione ad un'« ecologia sociale » del lavoro.

L'uomo riceve da Dio la sua essenziale dignità e con essa la capacità di trascendere ogni ordinamento della società verso la verità ed il bene. Egli, tuttavia, è anche condizionato dalla struttura sociale in cui vive, dall'educazione ricevuta e dall'ambiente. Questi elementi possono facilitare oppure ostacolare il suo vivere secondo verità. Le decisioni, grazie alle quali si costituisce un ambiente umano, possono creare specifiche strutture di peccato, impedendo la piena realizzazione di coloro che da esse sono variamente oppressi. Demolire tali strutture e sostituirle con più autentiche forme di convivenza è un compito che esige coraggio e pazienza[77].

39. La prima e fondamentale struttura a favore dell'« ecologia umana » è *la famiglia*, in seno alla quale l'uomo riceve le prime e determinanti nozioni intorno alla verità ed al bene, apprende che cosa vuol dire amare ed essere amati e, quindi, che cosa vuol dire in concreto essere una persona. Si intende qui *la famiglia fondata sul matrimonio,* in cui il dono reciproco di sé da parte dell'uomo e della donna crea un ambiente di vita nel quale il bambino può nascere e sviluppare le sue potenzialità, diventare consapevole della sua dignità e prepararsi ad af-

[77] Cfr. Esort. Ap. *Reconciliatio Paenitentia* (2 dicembre 1984), 16: *AAS* 77 (1985), 213-217; Pio XI, Lett. Enc. *Quadragesimo anno,* III, *l. c.,* 219.

frontare il suo unico ed irripetibile destino. Spesso accade, invece, che l'uomo è scoraggiato dal realizzare le condizioni autentiche della riproduzione umana, ed è indotto a considerare se stesso e la propria vita come un insieme di sensazioni da sperimentare anziché come un'opera da compiere. Di qui nasce una mancanza di libertà che fa rinunciare all'impegno di legarsi stabilmente con un'altra persona e di generare dei figli, oppure induce a considerare costoro come una delle tante « cose » che è possibile avere o non avere, secondo i propri gusti, e che entrano in concorrenza con altre possibilità.

Occorre tornare a considerare la famiglia come il *santuario della vita*. Essa, infatti, è sacra: è il luogo in cui la vita, dono di Dio, può essere adeguatamente accolta e protetta contro i molteplici attacchi a cui è esposta, e può svilupparsi secondo le esigenze di un'autentica crescita umana. Contro la cosiddetta cultura della morte, la famiglia costituisce la sede della cultura della vita.

L'ingegno dell'uomo sembra orientarsi, in questo campo, più a limitare, sopprimere o annullare le fonti della vita ricorrendo perfino all'aborto, purtroppo così diffuso nel mondo, che a difendere e ad aprire le possibilità della vita stessa. Nell'Enciclica *Sollicitudo rei socialis* sono state denunciate le campagne sistematiche contro la natalità, che, in base ad una concezione distorta del problema demografico e in un clima di « assoluta mancanza di rispetto per la libertà di decisione delle persone interessate », le sottopongono non di rado « a intolleranti pressioni... per piegarle a questa forma nuova di oppressione »[78]. Si tratta di politiche che con nuove tecniche estendono il loro raggio di azione fino ad arrivare, come in una « guerra chimica », ad avvelenare la vita di milioni di esseri umani indifesi.

Queste critiche sono rivolte non tanto contro un sistema economico, quanto contro un sistema etico-culturale. L'economia, infatti, è solo un aspetto ed una dimensione della complessa attività umana. Se essa è assolutizzata, se la produzione ed il consumo delle merci finiscono con l'occupare il centro della vita sociale e diventano l'unico valore della società, non subordinato ad alcun altro, la causa va ricercata non solo e non tanto

78 Lett. Enc. *Sollicitudo rei socialis*, 25: *l. c.*, 544.

nel sistema economico stesso, quanto nel fatto che l'intero sistema socio-culturale, ignorando la dimensione etica e religiosa, si è indebolito e ormai si limita solo alla produzione dei beni e dei servizi[79].

Tutto ciò si può riassumere affermando ancora una volta che la libertà economica è soltanto un elemento della libertà umana. Quando quella si rende autonoma, quando cioè l'uomo è visto più come un produttore o un consumatore di beni che come un soggetto che produce e consuma per vivere, allora perde la sua necessaria relazione con la persona umana e finisce con l'alienarla ed opprimerla[80].

40. È compito dello Stato provvedere alla difesa e alla tutela di quei beni collettivi, come l'ambiente naturale e l'ambiente umano, la cui salvaguardia non può essere assicurata dai semplici meccanismi di mercato. Come ai tempi del vecchio capitalismo lo Stato aveva il dovere di difendere i diritti fondamentali del lavoro, così ora col nuovo capitalismo esso e l'intera società hanno il dovere di *difendere i beni collettivi* che, tra l'altro, costituiscono la cornice al cui interno soltanto è possibile per ciascuno conseguire legittimamente i suoi fini individuali.

Si ritrova qui un nuovo limite del mercato: ci sono bisogni collettivi e qualitativi che non possono essere soddisfatti mediante i suoi meccanismi; ci sono esigenze umane importanti che sfuggono alla sua logica; ci sono dei beni che, in base alla loro natura, non si possono e non si debbono vendere e comprare. Certo, i meccanismi di mercato offrono sicuri vantaggi: aiutano, tra l'altro, ad utilizzare meglio le risorse; favoriscono lo scambio dei prodotti e, soprattutto, pongono al centro la volontà e le preferenze della persona che nel contratto si incontrano con quelle di un'altra persona. Tuttavia, essi comportano il rischio di un'« idolatria » del mercato, che ignora l'esistenza dei beni che, per loro natura, non sono né possono essere semplici merci.

41. Il marxismo ha criticato le società borghesi capitalistiche, rimproverando la loro mercificazione e l'alienazione dell'esistenza umana. Certamente, questo rimprovero è basato su

[79] Cfr. *ibid.*, 34: *l. c.*, 559 s.
[80] Cfr. Lett. Enc. *Redemptor hominis* (4 marzo 1979), 15: *AAS* 71 (1979), 286-289.

una concezione errata ed inadeguata dell'alienazione, che la fa derivare solo dalla sfera dei rapporti di produzione e di proprietà, cioè assegnandole un fondamento materialistico e, per di più, negando la legittimità e la positività delle relazioni di mercato anche nell'ambito che è loro proprio. Si finisce così con l'affermare che solo in una società di tipo collettivistico potrebbe essere eliminata l'alienazione. Ora, l'esperienza storica dei Paesi socialisti ha tristemente dimostrato che il collettivismo non sopprime l'alienazione, ma piuttosto l'accresce, aggiungendovi la penuria delle cose necessarie e l'inefficienza economica.

L'esperienza storica dell'Occidente, da parte sua, dimostra che, se l'analisi e la fondazione marxista dell'alienazione sono false, tuttavia l'alienazione con la perdita del senso autentico dell'esistenza è un fatto reale anche nelle società occidentali. Essa si verifica nel consumo, quando l'uomo è implicato in una rete di false e superficiali soddisfazioni, anziché essere aiutato a fare l'autentica e concreta esperienza della sua personalità. Essa si verifica anche nel lavoro, quando è organizzato in modo tale da « massimizzare » soltanto i suoi frutti e proventi e non ci si preoccupa che il lavoratore, mediante il proprio lavoro, si realizzi di più o di meno come uomo, a seconda che cresca la sua partecipazione in un'autentica comunità solidale, oppure cresca il suo isolamento in un complesso di relazioni di esasperata competitività e di reciproca estraniazione, nel quale egli è considerato solo come un mezzo, e non come un fine.

È necessario ricondurre il concetto di alienazione alla visione cristiana, ravvisando in esso l'inversione tra i mezzi e i fini: quando non riconosce il valore e la grandezza della persona in se stesso e nell'altro, l'uomo di fatto si priva della possibilità di fruire della propria umanità e di entrare in quella relazione di solidarietà e di comunione con gli altri uomini per cui Dio lo ha creato. È, infatti, mediante il libero dono di sé che l'uomo diventa autenticamente se stesso[81], e questo dono è reso possibile dall'essenziale « capacità di trascendenza » della persona umana. L'uomo non può donare se stesso ad un progetto solo umano della realtà, ad un ideale astratto o a false utopie. Egli, in quanto persona, può donare se stesso ad un'altra perso-

[81] Cfr. Conc. Ecum. Vat. II, Cost. past. sulla Chiesa nel mondo contemporaneo *Gaudium et spes*, 24.

na o ad altre persone e, infine, a Dio, che è l'autore del suo essere ed è l'unico che può pienamente accogliere il suo dono[82]. È alienato l'uomo che rifiuta di trascendere se stesso e di vivere l'esperienza del dono di sé e della formazione di un'autentica comunità umana, orientata al suo destino ultimo che è Dio. È alienata la società che, nelle sue forme di organizzazione sociale, di produzione e di consumo, rende più difficile la realizzazione di questo dono ed il costituirsi di questa solidarietà interumana.

Nella società occidentale è stato superato lo sfruttamento, almeno nelle forme analizzate e descritte da Carlo Marx. Non è stata superata, invece, l'alienazione nelle varie forme di sfruttamento, quando gli uomini si stumentalizzano vicendevolmente e, nel soddisfacimento sempre più raffinato dei loro bisogni particolari e secondari, diventano sordi a quelli principali ed autentici, che devono regolare anche le modalità di soddisfacimento degli altri bisogni[83]. L'uomo che si preoccupa solo o prevalentemente dell'avere e del godimento, non più capace di dominare i suoi istinti e le sue passioni e di subordinarle mediante l'obbedienza alla verità, non può essere libero: *l'obbedienza alla verità su Dio e sull'uomo* è la condizione prima della libertà, consentendogli di ordinare i propri bisogni, i propri desideri e le modalità del loro soddisfacimento secondo una giusta gerarchia, di modo che il possesso delle cose sia per lui un mezzo di crescita. Un ostacolo a tale crescita può venire dalla manipolazione operata da quei mezzi di comunicazione di massa che impongono, con la forza di una ben orchestrata insistenza, mode e movimenti di opinione, senza che sia possibile sottoporre a una disamina critica le premesse su cui essi si fondano.

42. Ritornando ora alla domanda iniziale, si può forse dire che, dopo il fallimento del comunismo, il sistema sociale vincente sia il capitalismo, e che verso di esso vadano indirizzati gli sforzi dei Paesi che cercano di ricostruire la loro economia e la loro società? È forse questo il modello che bisogna proporre ai Paesi del Terzo Mondo, che cercano la via del vero progresso economico e civile?

[82] Cfr. *ibid.*, 41.
[83] Cfr. *ibid.*, 26.

La risposta è ovviamente complessa. Se con «capitalismo» si indica un sistema economico che riconosce il ruolo fondamentale e positivo dell'impresa, del mercato, della proprietà privata e della conseguente responsabilità per i mezzi di produzione, della libera creatività umana nel settore dell'economia, la risposta è certamente positiva, anche se forse sarebbe più appropriato parlare di «economia d'impresa», o di «economia di mercato», o semplicemente di «economia libera». Ma se con «capitalismo» si intende un sistema in cui la libertà nel settore dell'economia non è inquadrata in un solido contesto giuridico che la metta al servizio della libertà umana integrale e la consideri come una particolare dimensione di questa libertà, il cui centro è etico e religioso, allora la risposta è decisamente negativa.

La soluzione marxista è fallita, ma permangono nel mondo fenomeni di emarginazione e di sfruttamento, specialmente nel Terzo Mondo, nonché fenomeni di alienazione umana, specialmente nei Paesi più avanzati, contro i quali si leva con fermezza la voce della Chiesa. Tante moltitudini vivono tuttora in condizioni di grande miseria materiale e morale. Il crollo del sistema comunista in tanti Paesi elimina certo un ostacolo nell'affrontare in modo adeguato e realistico questi problemi, ma non basta a risolverli. C'è anzi il rischio che si diffonda un'ideologia radicale di tipo capitalistico, la quale rifiuta perfino di prenderli in considerazione, ritenendo *a priori* condannato all'insuccesso ogni tentativo di affrontarli, e ne affida fideisticamente la soluzione al libero sviluppo delle forze di mercato.

43. La Chiesa non ha modelli da proporre. I modelli reali e veramente efficaci possono solo nascere nel quadro delle diverse situazioni storiche, grazie allo sforzo di tutti i responsabili che affrontino i problemi concreti in tutti i loro aspetti sociali, economici, politici e culturali che si intrecciano tra loro[84]. A tale impegno la Chiesa offre, come *indispensabile orientamento ideale,* la propria dottrina sociale, che – come si è detto – riconosce la positività del mercato e dell'impresa, ma indica, nello stesso tempo, la necessità che questi siano orientati verso il bene comune. Essa riconosce anche la legittimità degli sforzi dei lavoratori per conseguire il pieno rispetto della loro dignità e spazi

[84] Cfr. Conc. Ecum. Vat. II, Cost. past. sulla Chiesa nel mondo contemporaneo *Gaudium et spes,* 36; Paolo VI, Lett. Ap. *Octogesima adveniens,* 2-5: *l. c.,* 402-405.

maggiori di partecipazione nella vita dell'azienda, di modo che, pur lavorando insieme con altri e sotto la direzione di altri, possano, in un certo senso, « lavorare in proprio »[85] esercitando la loro intelligenza e libertà.

L'integrale sviluppo della persona umana nel lavoro non contraddice, ma piuttosto favorisce la maggiore produttività ed efficacia del lavoro stesso, anche se ciò può indebolire assetti di potere consolidati. L'azienda non può esser considerata solo come una « società di capitali »; essa, al tempo stesso, è una « società di persone », di cui entrano a far parte in modo diverso e con specifiche responsabilità sia coloro che forniscono il capitale necessario per la sua attività, sia coloro che vi collaborano col loro lavoro. Per conseguire questi fini è ancora necessario un *grande movimento associato dei lavoratori,* il cui obiettivo è la liberazione e la promozione integrale della persona.

Alla luce delle « cose nuove » di oggi è stato riletto *il rapporto tra la proprietà individuale, o privata, e la destinazione universale dei beni.* L'uomo realizza se stesso per mezzo della sua intelligenza e della sua libertà e, nel fare questo, assume come oggetto e come stumento le cose del mondo e di esse si appropria. In questo suo agire sta il fondamento del diritto all'iniziativa e alla proprietà individuale. Mediante il suo lavoro l'uomo s'impegna non solo per se stesso, ma anche *per gli altri* e *con gli altri:* ciascuno collabora al lavoro ed al bene altrui. L'uomo lavora per sovvenire ai bisogni della sua famiglia, della comunità di cui fa parte, della Nazione e, in definitiva, dell'umanità tutta[86]. Egli, inoltre, collabora al lavoro degli altri, che operano nella stessa azienda, nonché al lavoro dei fornitori o al consumo dei clienti, in una catena di solidarietà che si estende progressivamente. La proprietà dei mezzi di produzione sia in campo industriale che agricolo è giusta e legittima, se serve ad un lavoro utile; diventa, invece, illegittima, quando non viene valorizzata o serve ad impedire il lavoro di altri, per ottenere un guadagno che non nasce dall'espansione globale del lavoro e della ricchezza sociale, ma piuttosto dalla loro compressione, dall'illecito sfruttamento, dalla speculazione e dalla rottura della solidarietà nel mondo del lavoro[87]. Una tale proprietà non ha

[85] Cfr. Lett. Enc. *Laborem exercens,* 15: *l. c.,* 616-618.
[86] Cfr. *ibid.,* 10: *l. c.,* 600-602.
[87] Cfr., *ibid.,* 14: *l. c.,* 612-616.

nessuna giustificazione e costituisce un abuso al cospetto di Dio e degli uomini.

L'obbligo di guadagnare il pane col sudore della propria fronte suppone, al tempo stesso, un diritto. Una società in cui questo diritto sia sistematicamente negato, in cui le misure di politica economica non consentano ai lavoratori di raggiungere livelli soddisfacenti di occupazione, non può conseguire né la sua legittimazione etica né la pace sociale[88]. Come la persona realizza pienamente se stessa nel libero dono di sé, così la proprietà si giustifica moralmente nel creare, nei modi e nei tempi dovuti, occasioni di lavoro e crescita umana per tutti.

Capitolo V
Stato e Cultura

44. Leone XIII non ignorava che una sana *teoria dello Stato* è necessaria per assicurare il normale sviluppo delle attività umane: di quelle spirituali e di quelle materiali, che sono entrambe indispensabili[89]. Per questo, in un passo della *Rerum Novarum* egli presenta l'organizzazione della società secondo i tre poteri — legislativo, esecutivo e giudiziario —, e ciò in quel tempo costituiva una novità nell'insegnamento della Chiesa[90]. Tale ordinamento riflette una visione realistica della natura sociale dell'uomo, la quale esige una legislazione adeguata a proteggere la libertà di tutti. A tal fine è preferibile che ogni potere sia bilanciato da altri poteri e da altre sfere di competenza, che lo mantengano nel suo giusto limite. È, questo, il principio dello « Stato di diritto », nel quale è sovrana la legge, e non la volontà arbitraria degli uomini.

A questa concezione si è opposto nel tempo moderno il totalitarismo, il quale, nella forma marxista-leninista ritiene che alcuni uomini, in virtù di una più profonda conoscenza delle leggi di sviluppo della società, o per una particolare collocazione di classe o per un contatto con le sorgenti più profonde della coscienza collettiva, sono esenti dall'errore e possono, quindi, ar-

[88] Cfr. *ibid.*, 18: *l. c.*, 622-625.
[89] Cfr. Lett. Enc. *Rerum Novarum: l. c.*, 126-128.
[90] Cfr. *ibid.*, *l. c.*, 121 s.

rogarsi l'esercizio di un potere assoluto. Va aggiunto che il totalitarismo nasce dalla negazione della verità in senso oggettivo: se non esiste una verità trascendente, obbedendo alla quale l'uomo acquista la sua piena identità, allora non esiste nessun principio sicuro che garantisca giusti rapporti tra gli uomini. Il loro interesse di classe, di gruppo, di Nazione li oppone inevitabilmente gli uni agli altri. Se non si riconosce la verità trascendente, allora trionfa la forza del potere, e ciascuno tende a utilizzare fino in fondo i mezzi di cui dispone per imporre il proprio interesse o la propria opinione, senza riguardo ai diritti dell'altro. Allora l'uomo viene rispettato solo nella misura in cui è possibile strumentalizzarlo per un'affermazione egoistica. La radice del moderno totalitarismo, dunque, è da individuare nella negazione della trascendente dignità della persona umana, immagine visibile del Dio invisibile e, proprio per questo, per sua natura stessa, soggetto di diritti che nessuno può violare: né l'individuo, né il gruppo, né la classe, né la Nazione o lo Stato. Non può farlo nemmeno la maggioranza di un corpo sociale, ponendosi contro la minoranza, emarginandola, opprimendola, sfruttandola o tentando di annientarla[91].

45. La cultura e la prassi del totalitarismo comportano anche la negazione della Chiesa. Lo Stato, oppure il partito, che ritiene di poter realizzare nella storia il bene assoluto e si erge al di sopra di tutti i valori, non può tollerare che sia affermato un *criterio oggettivo del bene e del male* oltre la volontà dei governanti, il quale, in determinate circostanze, può servire a giudicare il loro comportamento. Ciò spiega perché il totalitarismo cerca di distruggere la Chiesa o, almeno, di assoggettarla, facendola strumento del proprio apparato ideologico[92].

Lo Stato totalitario, inoltre, tende ad assorbire in se stesso la Nazione, la società, la famiglia, le comunità religiose e le stesse persone. Difendendo la propria libertà, la Chiesa difende la persona, che deve obbedire a Dio piuttosto che agli uomini (cfr. At 5, 29), la famiglia, le diverse organizzazioni sociali e le Nazioni, realtà tutte che godono di una propria sfera di autonomia e di sovranità.

91 Cfr. Leone XIII, Lett. Enc. *Libertas praestantissimum: l. c.*, 224-226.

92 Cfr. Conc. Ecum. Vat. II, Cost. past. sulla Chiesa nel mondo contemporaneo *Gaudium et spes*, 76.

46. La Chiesa apprezza il sistema della democrazia, in quanto assicura la partecipazione dei cittadini alle scelte politiche e garantisce ai governati la possibilità sia di eleggere e controllare i propri governanti, sia di sostituirli in modo pacifico, ove ciò risulti opportuno[93]. Essa, pertanto, non può favorire la formazione di gruppi dirigenti ristretti, i quali per interessi particolari o per fini ideologici usurpano il potere dello Stato.

Un'autentica democrazia è possibile solo in uno Stato di diritto e sulla base di una retta concezione della persona umana. Essa esige che si verifichino le condizioni necessarie per la promozione sia delle singole persone mediante l'educazione e la formazione ai veri ideali, sia della « soggettività » della società mediante la creazione di strutture di partecipazione e di corresponsabilità. Oggi si tende ad affermare che l'agnosticismo ed il relativismo scettico sono la filosofia e l'atteggiamento fondamentale rispondenti alle forme politiche democratiche, e che quanti son convinti di conoscere la verità ed aderiscono con fermezza ad essa non sono affidabili dal punto di vista democratico, perché non accettano che la verità sia determinata dalla maggioranza o sia variabile a seconda dei diversi equilibri politici. A questo proposito, bisogna osservare che, se non esiste nessuna verità ultima la quale guida e orienta l'azione politica, allora le idee e le convinzioni possono esser facilmente strumentalizzate per fini di potere. Una democrazia senza valori si converte facilmente in un totalitarismo aperto oppure subdolo, come dimostra la storia.

Né la Chiesa chiude gli occhi davanti al pericolo del fanatismo, o fondamentalismo, di quanti, in nome di un'ideologia che si pretende scientifica o religiosa, ritengono di poter imporre agli altri uomini la loro concezione della verità e del bene. Non è di questo tipo *la verità cristiana*. Non essendo ideologica, la fede cristiana non presume di imprigionare in un rigido schema la cangiante realtà socio-politica e riconosce che la vita dell'uomo si realizza nella storia in condizioni diverse e non perfette. La Chiesa, pertanto, riaffermando costantemente la trascendente dignità della persona, ha come suo metodo il rispetto della libertà[94].

[93] Cfr. *ibid.*, 29; PIO XII, Radiomessaggio natalizio del 24 dicembre 1944: *AAS* 37 (1945), 10-20.

[94] Cfr. CONC. ECUM. VAT. II, Dichiarazione sulla libertà religiosa *Dignitatis humanae*.

Ma la libertà è pienamente valorizzata soltanto dall'accettazione della verità: in un mondo senza verità la libertà perde la sua consistenza, e l'uomo è esposto alla violenza delle passioni ed a condizionamenti aperti od occulti. Il cristiano vive la libertà (cfr. Gv 8, 31-32) e la serve proponendo continuamente, secondo la natura missionaria della sua vocazione, la verità che ha conosciuto. Nel dialogo con gli altri uomini egli, attento ad ogni frammento di verità che incontri nell'esperienza di vita e nella cultura dei singoli e delle Nazioni, non rinuncerà ad affermare tutto ciò che gli hanno fatto conoscere la sua fede ed il corretto esercizio della ragione[95].

47. Dopo il crollo del totalitarismo comunista e di molti altri regimi totalitari e « di sicurezza nazionale », si assiste oggi al prevalere, non senza contrasti, dell'ideale democratico, unitamente ad una viva attenzione e preoccupazione per i diritti umani. Ma proprio per questo è necessario che i popoli che stanno riformando i loro ordinamenti diano alla democrazia un autentico e solido fondamento mediante l'esplicito riconoscimento di questi diritti[96]. Tra i principali sono da ricordare: il diritto alla vita, di cui è parte integrante il diritto a crescere sotto il cuore della madre dopo essere stati generati; il diritto a vivere in una famiglia unita e in un ambiente morale, favorevole allo sviluppo della propria personalità; il diritto a maturare la propria intelligenza e la propria libertà nella ricerca e nella conoscenza della verità; il diritto a partecipare al lavoro per valorizzare i beni della terra ed a ricavare da esso il sostentamento proprio e dei propri cari; il diritto a fondare liberamente una famiglia ed a accogliere e educare i figli, esercitando responsabilmente la propria sessualità. Fonte e sintesi di questi diritti è, in un certo senso, la libertà religiosa, intesa come diritto a vivere nella verità della propria fede ed in conformità alla trascendente dignità della propria persona[97].

Anche nei paesi dove vigono forme di governo democratico non sempre questi diritti sono del tutto rispettati. Né ci si riferisce soltanto allo scandalo dell'aborto, ma anche a diversi aspetti

[95] Cfr. Lett. Enc. *Redemptoris missio*, 11: *L'Osservatore Romano*, 23 gennaio 1991.
[96] Cfr. Lett. Enc. *Redemptor hominis*, 17: *l. c.*, 270-272.
[97] Cfr. Messaggio per la Giornata Mondiale della Pace 1988: *l. c.*, 1572-1580: Messaggio per la Giornata Mondiale della Pace 1991: *L'Osservatore Romano*, 19 dicembre 1990; Conc. Ecum. Vat. II, Dichiarazione sulla libertà religiosa *Dignitatis humanae*, 1-2.

di una crisi di sistemi democratici, che talvolta sembra abbiano smarrito la capacità di decidere secondo il bene comune. Le domande che si levano dalla società a volte non sono esaminate secondo criteri di giustizia e di moralità, ma piuttosto secondo la forza elettorale o finanziaria dei gruppi che le sostengono. Simili deviazioni del costume politico col tempo generano sfiducia ed apatia con la conseguente diminuzione della partecipazione politica e dello spirito civico in seno alla popolazione, che si sente danneggiata e delusa. Ne risulta la crescente incapacità di inquadrare gli interessi particolari in una coerente visione del bene comune. Questo, infatti, non è la semplice somma degli interessi particolari, ma implica la loro valutazione e composizione fatta in base ad un'equilibrata gerarchia di valori e, in ultima analisi, ad un'esatta compressione della dignità e dei diritti della persona[98].

La Chiesa rispetta la *legittima autonomia dell'ordine democratico* e non ha titolo per esprimere preferenze per l'una o l'altra soluzione istituzionale o costituzionale. Il contributo, che essa offre a tale ordine, è proprio quella visione della dignità della persona, la quale si manifesta in tutta la sua pienezza nel mistero del Verbo incarnato[99].

48. Queste considerazioni generali si riflettono anche sul *ruolo dello Stato nel settore dell'economia*. L'attività economica, in particolare quella dell'economia di mercato, non può svolgersi in un vuoto istituzionale, giuridico e politico. Essa suppone, al contrario, sicurezza circa le garanzie della libertà individuale e della proprietà, oltre che una moneta stabile e servizi pubblici efficienti. Il principale compito dello Stato, pertanto, è quello di garantire questa sicurezza, di modo che chi lavora e produce possa godere i frutti del proprio lavoro e, quindi, si senta stimolato a compierlo con efficienza e onestà. La mancanza di sicurezza, accompagnata dalla corruzione dei pubblici poteri e dalla diffusione di improprie fonti di arricchimento e di facili profitti, fondati su attività illegali o puramente speculative, è uno degli ostacoli principali per lo sviluppo e per l'ordine economico.

98 Conc. Ecum. Vat. II, Cost. past. sulla Chiesa nel mondo contemporaneo *Gaudium et spes*, 26.
99 Cfr. *ibid.*, 22.

Altro compito dello Stato è quello di sorvegliare e guidare l'esercizio dei diritti umani nel settore economico; ma in questo campo la prima responsabilità non è dello Stato, bensì dei singoli e dei diversi gruppi e associazioni in cui si articola la società. Non potrebbe lo Stato assicurare direttamente il diritto al lavoro di tutti i cittadini senza irreggimentare l'intera vita economica e mortificare la libera iniziativa dei singoli. Ciò, tuttavia, non significa che esso non abbia alcuna competenza in questo ambito, come hanno affermato i sostenitori di un'assenza di regole nella sfera economica. Lo Stato, anzi, ha il dovere di assecondare l'attività delle imprese, creando condizioni che assicurino occasioni di lavoro, stimolandola ove essa risulti insufficiente o sostenendola nei momenti di crisi.

Lo Stato, ancora, ha il diritto di intervenire quando situazioni particolari di monopolio creino remore o ostacoli per lo sviluppo. Ma, oltre a questi compiti di armonizzazione e di guida dello sviluppo, esso può svolgere *funzioni di supplenza* in situazioni eccezionali, quando settori sociali o sistemi di imprese, troppo deboli o in via di formazione, sono inadeguati al loro compito. Simili interventi di supplenza, giustificati da urgenti ragioni attinenti al bene comune, devono essere, per quanto possibile, limitati nel tempo, per non sottrarre stabilmente a detti settori e sistemi di imprese le competenze che sono loro proprie e per non dilatare eccessivamente l'ambito dell'intervento statale in modo pregiudizievole per la libertà sia economica che civile.

Si è assistito negli ultimi anni ad un vasto ampliamento di tale sfera di intervento, che ha portato a costituire, in qualche modo, uno Stato di tipo nuovo: lo « Stato del benessere ». Questi sviluppi si sono avuti in alcuni Stati per rispondere in modo più adeguato a molte necessità e bisogni, ponendo rimedio a forme di povertà e di privazione indegne della persona umana. Non sono, però, mancati eccessi ed abusi che hanno provocato, specialmente negli anni più recenti, dure critiche allo Stato del benessere, qualificato come « Stato assistenziale ». Disfunzioni e difetti nello Stato assistenziale derivano da un'inadeguata comprensione dei compiti propri dello Stato. Anche in questo ambito deve essere rispettato il *principio di sussidiarietà:* una società di ordine superiore non deve interferire nella vita interna di una società di ordine inferiore, privandola delle sue competenze, ma deve piuttosto sostenerla in caso di necessità ed aiutarla a coordinare la sua azione con quella delle altre componenti sociali, in vista del bene comune[100].

Intervenendo direttamente e deresponsabilizzando la società, lo Stato assistenziale provoca la perdita di energie umane e l'aumento esagerato degli apparati pubblici, dominati da logiche burocratiche più che dalla preoccupazione di servire gli utenti, con enorme crescita delle spese. Sembra, infatti, che conosce meglio il bisogno e riesce meglio a soddisfarlo chi è ad esso più vicino e si fa prossimo al bisognoso. Si aggiunga che spesso un certo tipo di bisogni richiede una risposta che non sia solo materiale, ma che ne sappia cogliere la domanda umana più profonda. Si pensi anche alla condizione dei profughi, degli immigrati, degli anziani o dei malati ed a tutte le svariate forme che richiedono assistenza, come nel caso dei tossico-dipendenti: persone tutte che possono essere efficacemente aiutate solo da chi offre loro, oltre alle necessarie cure, un sostegno sinceramente fraterno.

49. In questo campo la Chiesa, fedele al mandato di Cristo, suo Fondatore, è da sempre presente con le sue opere, per offrire all'uomo bisognoso un sostegno materiale che non lo umili e non lo riduca ad esser solo oggetto di assistenza, ma lo aiuti a uscire dalla precaria sua condizione, promovendone la dignità di persona. Con viva gratitudine a Dio bisogna segnalare che la carità operosa non si è mai spenta nella Chiesa ed anzi registra oggi un multiforme e confortante incremento. Al riguardo, merita speciale menzione il *fenomeno del volontariato,* che la Chiesa favorisce e promuove sollecitando tutti a collaborare per sostenerlo e incoraggiarlo nelle sue iniziative.

Per superare la mentalità individualista, oggi diffusa, si richiede *un concreto impegno di solidarietà e di carità,* il quale inizia all'interno della famiglia col mutuo sostegno degli sposi e, poi, con la cura che le generazioni si prendono l'una dell'altra. In tal modo la famiglia si qualifica come comunità di lavoro e di solidarietà. Accade, però, che quando la famiglia decide di corrispondere pienamente alla propria vocazione, si può trovare priva dell'appoggio necessario da parte dello Stato e non dispone di risorse sufficienti. È urgente promuovere non solo

[100] Cfr. Pio XI, Lett. Enc. *Quadragesimo anno,* I: *l. c.,* 184-186.

politiche per la famiglia, ma anche politiche sociali, che abbiano come principale obiettivo la famiglia stessa, aiutandola, mediante l'assegnazione di adeguate risorse e di efficienti strumenti di sostegno, sia nell'educazione dei figli sia nella cura degli anziani, evitando il loro allontanamento dal nucleo familiare e rinsaldando i rapporti tra le generazioni[101].

Oltre alla famiglia, svolgono funzioni primarie ed attivano specifiche reti di solidarietà anche altre società intermedie. Queste, infatti, maturano come reali comunità di persone ed innervano il tessuto sociale, impedendo che scada nell'anonimato ed in un'impersonale massificazione, purtroppo frequente nella moderna società. È nel molteplice intersecarsi dei rapporti che vive la persona e cresce la « soggettività della società ». L'individuo oggi è spesso soffocato tra i due poli dello Stato e del mercato. Sembra, infatti, talvolta che egli esista soltanto come produttore e consumatore di merci, oppure come oggetto dell'amministrazione dello Stato, mentre si dimentica che la convivenza tra gli uomini non è finalizzata né al mercato né allo Stato, poiché possiede in se stessa un singolare valore che Stato e mercato devono servire. L'uomo è, prima di tutto, un essere che cerca la verità e si sforza di viverla e di approfondirla in un dialogo che coinvolge le generazioni passate e future[102].

50. Da tale ricerca aperta della verità, che si rinnova ad ogni generazione, si caratterizza la *cultura della Nazione*. In effetti, il patrimonio dei valori tramandati ed acquisiti è sempre sottoposto dai giovani a contestazione. Contestare, peraltro non vuol dire necessariamente distruggere o rifiutare in modo aprioristico, ma vuol significare soprattutto mettere alla prova nella propria vita e, con tale verifica esistenziale, rendere quei valori più vivi, attuali e personali, discernendo ciò che nella tradizione è valido da falsità ed errori o da forme invecchiate, che possono esser sostituite da altre più adeguate ai tempi.

In questo contesto, conviene ricordare che anche *l'evangelizzazione si inserisce nella cultura delle Nazioni*, sostenendola nel suo cammino verso la verità ed aiutandola nel lavoro di purifi-

101 Cfr. Esort. Ap. *Familiaris consortio* (22 novembre 1981), 45: *AAS* 74 (1982), 136 s.
102 Cfr. Allocuzione all'UNESCO (2 giugno 1980): *AAS* 72 (1980), 735-752.

cazione e di arricchimento[103]. Quando, però, una cultura si chiude in se stessa e cerca di perpetuare forme di vita invecchiate, rifiutando ogni scambio e confronto intorno alla verità dell'uomo, allora essa diventa sterile e si avvia a decadenza.

51. Tutta l'attività umana ha luogo all'interno di una cultura e interagisce con essa. Per un'adeguata formazione di tale cultura si richiede il coinvolgimento di tutto l'uomo, il quale vi esplica la sua creatività, la sua intelligenza, la sua conoscenza del mondo e degli uomini. Egli, inoltre, vi investe la sua capacità di autodominio, di sacrificio personale, di solidarietà e di disponibilità per promuovere il bene comune. Per questo, il primo e più importante lavoro si compie nel *cuore dell'uomo* ed il modo in cui questi si impegna a costruire il proprio futuro dipende dalla concezione che ha di se stesso e del suo destino. È a questo livello che si colloca *il contributo specifico e decisivo della Chiesa in favore della vera cultura*. Essa promuove le qualità dei comportamenti umani, che favoriscono la cultura della pace contro modelli che confondono l'uomo nella massa, disconoscono il ruolo della sua iniziativa e libertà e pongono la sua grandezza nelle arti del conflitto e della guerra. La Chiesa rende un tale servizio *predicando la verità intorno alla creazione del mondo*, che Dio ha posto nelle mani degli uomini perché lo rendano fecondo e più perfetto col loro lavoro, e *predicando la verità intorno alla redenzione*, per cui il Figlio di Dio ha salvato tutti gli uomini e, al tempo stesso, li ha uniti gli uni agli altri, rendendoli responsabili gli uni degli altri. La Sacra Scrittura ci parla continuamente di attivo impegno per il fratello e ci presenta l'esigenza di una corresponsabilità che deve abbracciare tutti gli uomini.

Questa esigenza non si ferma ai confini della propria famiglia, e neppure della Nazione o dello Stato, ma investe ordinatamente tutta l'umanità, sicché nessun uomo deve considerarsi estraneo o indifferente alla sorte di un altro membro della famiglia umana. Nessun uomo può affermare di non essere responsabile della sorte del proprio fratello (cfr. Gn 4, 9; Lc 10, 29-37; Mt 25, 31-46)! L'attenta e premurosa sollecitudine verso il prossimo, nel momento stesso del bisogno, oggi facilitata anche dai

[103] Cfr. Lett. Enc. *Redemptoris missio*, 39; 52: *L'Osservatore Romano*, 23 gennaio 1991.

nuovi mezzi di comunicazione che hanno reso gli uomini più vicini tra loro, è particolarmente importante in relazione alla ricerca degli strumenti di soluzione dei conflitti internazionali alternativi alla guerra. Non è difficile affermare che la potenza terrificante dei mezzi di distruzione, accessibili perfino alle medie e piccole potenze, e la sempre più stretta connessione, esistente tra i popoli di tutta la terra, rendono assai arduo o praticamente impossibile limitare le conseguenze di un conflitto.

52. I pontefici Benedetto XV ed i suoi successori hanno lucidamente compreso questo pericolo[104], ed io stesso, in occasione della recente drammatica guerra nel Golfo Persico, ho ripetuto il grido: « Mai più la guerra! ». No, mai più la guerra, che distrugge la vita degli innocenti, che insegna ad uccidere e sconvolge egualmente la vita degli uccisori, che lascia dietro di sé uno strascico di rancori e di odi, rendendo più difficile la giusta soluzione degli stessi problemi che l'hanno provocata! Come all'interno dei singoli Stati è giunto finalmente il tempo in cui il sistema della vendetta privata e della rappresaglia è stato sostituito dall'impero della legge, così è ora urgente che un simile progresso abbia luogo nella Comunità internazionale. Non bisogna, peraltro, dimenticare che alle radici della guerra ci sono in genere reali e gravi ragioni: ingiustizie subite, frustrazioni di legittime aspirazioni, miseria e sfruttamento di moltitudini umane disperate, le quali non vedono la reale possibilità di migliorare le loro condizioni con le vie della pace.

Per questo, l'altro nome della pace è *lo sviluppo*[105]. Come esiste la responsabilità collettiva di evitare la guerra, così esiste la responsabilità collettiva di promuovere lo sviluppo. Come a livello interno è possibile e doveroso costruire un'economia sociale che orienti il funzionamento del mercato verso il bene comune, allo stesso modo è necessario che ci siano interventi adeguati anche a livello internazionale. Perciò, bisogna fare *un grande sforzo di reciproca comprensione, di conoscenza e di sensi-*

[104] Cfr. Benedetto XV, Esort. *Ubi primum* (8 settembre 1914): *AAS* 6 (1914), 501 s.; Pio XI, Radiomessaggio a tutti i fedeli cattolici e a tutto il mondo (29 settembre 1938): *AAS* 30 (1938), 309 s.; Pio XII, Radiomessaggio a tutto il mondo (24 agosto 1939), 333-335; Giovanni XXIII, Lett. Enc. *Pacem in terris*, III: *l. c.*, 285-289; Paolo VI, Discorso all'O.N.U. (4 ottobre 1965): *AAS* 57 (1965), 877-885.

[105] Cfr. Paolo VI, Lett. Enc. *Populorum progressio*, 76-77: *l. c.*, 294 s.

bilizzazione delle coscienze. È questa l'auspicata cultura che fa crescere la fiducia nelle potenzialità umane del povero e, quindi, nella sua capacità di migliorare la propria condizione mediante il lavoro, o di dare un positivo contributo al benessere economico. Per far questo, però, il povero – individuo o Nazione – ha bisogno che gli siano offerte condizioni realisticamente accessibili. Creare tali occasioni è il compito di una *concertazione mondiale per lo sviluppo*, che implica anche il sacrificio delle posizioni di rendita e di potere, di cui le economie più sviluppate si avvantaggiano[106].

Ciò può comportare importanti cambiamenti negli stili di vita consolidati, al fine di limitare lo spreco delle risorse ambientali ed umane, permettendo così a tutti i popoli e uomini della terra di averne in misura sufficiente. A ciò si deve aggiungere la valorizzazione dei nuovi beni materiali e spirituali, frutto del lavoro e della cultura dei popoli oggi emarginati, ottenendo così il complessivo arricchimento umano della famiglia delle Nazioni.

Capitolo VI
L'uomo è la via della Chiesa

53. Di fronte alla miseria del proletariato Leone XIII diceva: « Affrontiamo con fiducia questo argomento e con pieno nostro diritto... Ci parrebbe di mancare al nostro ufficio se tacessimo »[107]. Negli ultimi cento anni la Chiesa ha ripetutamente manifestato il suo pensiero, seguendo da vicino la continua evoluzione della questione sociale, e non ha certo fatto questo per recuperare privilegi del passato o per imporre una sua concezione. Suo unico scopo è stata *la cura e responsabilità per l'uomo*, a lei affidato da Cristo stesso, *per questo uomo* che, come il Concilio Vaticano II ricorda, è la sola creatura che Dio abbia voluto per se stessa e per cui Dio ha il suo progetto, cioè la partecipazione all'eterna salvezza. Non si tratta dell'uomo « astratto », ma dell'uomo reale, « concreto » e « storico »: si tratta

[106] Cfr. Esort. Ap. *Familiaris consortio*, 48: *l. c.*, 139 s.
[107] Lett. Enc. *Rerum Novarum: l. c.*, 107.

di *ciascun uomo*, perché ciascuno è stato compreso nel mistero della redenzione e con ciascuno Cristo si è unito per sempre attraverso questo mistero[108]. Ne consegue che la Chiesa non può abbandonare l'uomo, e che « *questo uomo* è la prima via che la Chiesa deve percorrere nel compimento della sua missione..., la via tracciata da Cristo stesso, via che immutabilmente passa attraverso il mistero dell'incarnazione e della redenzione »[109].

È, questa, solo questa l'aspirazione che presiede alla dottrina sociale della Chiesa. Se essa l'ha a mano a mano elaborata in forma sistematica, soprattutto a partire dalla data che commemoriamo, è perché tutta la ricchezza dottrinale della Chiesa ha come orizzonte l'uomo nella sua concreta realtà di peccatore e di giusto.

54. La dottrina sociale oggi specialmente mira *all'uomo*, in quanto inserito nella complessa rete di relazioni delle società moderne. Le scienze umane e la filosofia sono di aiuto per interpretare la *centralità dell'uomo dentro la società* e per metterlo in grado di capir meglio se stesso, in quanto « essere sociale ». Soltanto la fede, però, gli rivela pienamente la sua identità vera, e proprio da essa prende avvio la dottrina sociale della Chiesa, la quale, valendosi di tutti gli apporti delle scienze e della filosofia, si propone di assistere l'uomo nel cammino della salvezza.

L'Enciclica *Rerum Novarum* può essere letta come un importante apporto all'analisi socio-economica della fine del secolo XIX, ma il suo particolare valore le deriva dall'essere un Documento del Magistero, che ben si inserisce nella missione evangelizzatrice della Chiesa insieme con molti altri Documenti di questa natura. Da ciò si evince che la *dottrina sociale* ha di per sé il valore di uno *strumento di evangelizzazione*: in quanto tale, annuncia Dio ed il mistero di salvezza in Cristo ad ogni uomo e, per la medesima ragione, rivela l'uomo a se stesso. In questa luce, e solo in questa luce, si occupa del resto: dei diritti umani di ciascuno e, in particolare, del « proletariato », della famiglia e dell'educazione, dei doveri dello Stato, dell'ordinamento della società nazionale e internazionale, della vita economica, della cultura, della guerra e della pace, del rispetto alla vita dal momento del concepimento fino alla morte.

108 Cfr. Lett. Enc. *Redemptor hominis*, 13: *l. c.*, 283.
109 *Ibid.*, 14: *l. c.*, 284 s.

55. La Chiesa riceve il « senso dell'uomo » dalla divina Rivelazione. « Per conoscere l'uomo, l'uomo vero, l'uomo integrale, bisogna conoscere Dio », diceva Paolo VI, e subito dopo citava santa Caterina da Siena, che esprimeva in preghiera lo stesso concetto: « Nella tua natura, Deità eterna, conoscerò la natura mia »[110].

Pertanto, l'antropologia cristiana è in realtà un capitolo della teologia e, per la stessa ragione, la dottrina sociale della Chiesa, preoccupandosi dell'uomo, interessandosi a lui e al suo modo di comportarsi nel mondo, « appartiene... al campo della teologia e, specialmente, della teologia morale »[111]. La dimensione teologica risulta necessaria sia per interpretare che per risolvere gli attuali problemi della convivenza umana. Il che vale – conviene rilevarlo – tanto nei confronti della soluzione « atea », che priva l'uomo di una delle sue componenti fondamentali, quella spirituale, quanto nei confronti delle soluzioni permissive e consumistiche, le quali con vari pretesti mirano a convincerlo della sua indipendenza da ogni legge e da Dio, chiudendolo in un egoismo che finisce per nuocere a lui stesso ed agli altri.

Quando annuncia *all'uomo* la salvezza di Dio, quando gli offre e comunica la vita divina mediante i sacramenti, quando orienta la sua vita con i comandamenti dell'amore di Dio e del prossimo, la Chiesa contribuisce all'arricchimento della dignità dell'uomo. Ma essa, come non può mai abbandonare questa sua missione religiosa e trascendente in favore dell'uomo, così si rende conto che la sua opera incontra oggi particolari difficoltà ed ostacoli. Ecco perché si impegna sempre con nuove forze e con nuovi metodi all'evangelizzazione che promuove tutto l'uomo. Anche alla vigilia del terzo Millennio, essa rimane « il segno e la salvaguardia del carattere trascendente della persona umana »[112], come ha sempre cercato di fare sin dall'inizio della sua esistenza, camminando insieme con l'uomo lungo tutta la storia. L'Enciclica *Rerum Novarum* ne è un'espressione significativa.

[110] Paolo VI, Omelia all'ultima sessione pubblica del Concilio Ecumenico Vaticano II (7 dicembre 1965): *AAS* 58 (1966), 58.
[111] Lett. Enc. *Sollicitudo rei socialis*, 41: *l. c.*, 571.
[112] Conc. Ecum. Vat. II, Cost. past. sulla Chiesa nel mondo contemporaneo *Gaudium et spes*, 76; cfr. Giovanni Paolo II, Lett. Enc. *Redemptor hominis*, 13: *l. c.*, 283.

56. Nel centesimo anniversario di quest'Enciclica, desidero ringraziare tutti coloro che si sono impegnati a studiare, approfondire e divulgare *la dottrina sociale cristiana*. A questo fine è indispensabile la collaborazione delle Chiese locali, ed io auguro che la ricorrenza sia motivo di un rinnovato slancio per il suo studio, diffusione ed applicazione nei molteplici ambiti.

Desidero, in particolare, che essa sia fatta conoscere e sia attuata nei diversi Paesi dove, dopo il crollo del socialismo reale, si manifesta un grave disorientamento nell'opera di ricostruzione. A loro volta, i Paesi occidentali corrono il pericolo di vedere in questo cedimento la vittoria unilaterale del proprio sistema economico, e non si preoccupano, perciò, di apportare ad esso le dovute correzioni. I Paesi del Terzo Mondo, poi, si trovano più che mai nella drammatica situazione del sottosviluppo, che ogni giorno si aggrava.

Leone XIII, dopo aver formulato i principi e gli orientamenti per la soluzione della questione operaia, scrisse una parola decisiva: « Ciascuno faccia la parte che gli spetta e non indugi, perché il ritardo potrebbe rendere più difficile la cura di un male già tanto grave », aggiungendo anche: « Quanto alla Chiesa, essa non lascerà mai mancare in nessun modo l'opera sua »[113].

57. Per la Chiesa il messaggio sociale del Vangelo non deve esser considerato una teoria, ma prima di tutto un fondamento e una motivazione per l'azione. Spinti da questo messaggio, alcuni dei primi cristiani distribuivano i loro beni ai poveri, testimoniando che, nonostante le diverse provenienze sociali, era possibile una convivenza pacifica e solidale. Con la forza del Vangelo, nel corso dei secoli, i monaci coltivarono le terre, i religiosi e le religiose fondarono ospedali e asili per i poveri, le confraternite, come pure uomini e donne di tutte le condizioni, si impegnarono in favore dei bisognosi e degli emarginati, essendo convinti che le parole di Cristo: « Ogni volta che farete queste cose a uno dei miei fratelli più piccoli, l'avete fatto a me » (Mt 25, 40), non dovevano rimanere un pio desiderio, ma diventare un concreto impegno di vita.

Oggi più che mai la Chiesa è cosciente che il suo messaggio sociale troverà credibilità nella *testimonianza delle opere*, prima che nella sua coerenza e logica interna. Anche da questa consa-

113 Lett. Enc. *Rerum Novarum: l. c.*, 143.

pevolezza deriva la sua opzione preferenziale per i poveri, la quale non è mai esclusiva né discriminante verso altri gruppi. Si tratta, infatti, di opzione che non vale soltanto per la povertà materiale, essendo noto che, specialmente nella società moderna, si trovano molte forme di povertà non solo economica, ma anche culturale e religiosa. L'amore della Chiesa per i poveri, che è determinante ed appartiene alla sua costante tradizione, la spinge a rivolgersi al mondo nel quale, nonostante il progresso tecnico-economico, la povertà minaccia di assumere forme gigantesche. Nei Paesi occidentali c'è la povertà multiforme dei gruppi emarginati, degli anziani e malati, delle vittime del consumismo e, più ancora, quella dei tanti profughi ed emigrati; nei Paesi in via di sviluppo si profilano all'orizzonte crisi drammatiche, se non si prenderanno in tempo misure internazionalmente coordinate.

58. L'amore per l'uomo e, in primo luogo, per il povero, nel quale la Chiesa vede Cristo, si fa concreto nella *promozione della giustizia*. Questa non potrà mai essere pienamente realizzata, se gli uomini non riconosceranno nel bisognoso, che chiede un sostegno per la sua vita, non un importuno o un fardello, ma l'occasione di bene in sé, la possibilità di una ricchezza più grande. Solo questa consapevolezza infonderà il coraggio per affrontare il rischio ed il cambiamento impliciti in ogni autentico tentativo di venire in soccorso dell'altro uomo. Non si tratta, infatti, solo di dare il superfluo, ma di aiutare interi popoli, che ne sono esclusi o emarginati, ad entrare nel circolo dello sviluppo economico ed umano. Ciò sarà possibile non solo attingendo al superfluo, che il nostro mondo produce in abbondanza, ma soprattutto cambiando gli stili di vita, i modelli di produzione e di consumo, le strutture consolidate di potere che oggi reggono le società. Né si tratta di distruggere strumenti di organizzazione sociale che han dato buona prova di sé, ma di orientarli secondo un'adeguata concezione del bene comune in riferimento all'intera famiglia umana. Oggi è in atto la cosiddetta « mondializzazione dell'economia », fenomeno, questo, che non va deprecato, perché può creare straordinarie occasioni di maggior benessere. Sempre più sentito, però, è il bisogno che a questa crescente internazionalizzazione dell'economia corrispondano validi Organi internazionali di controllo e di guida, che indirizzino l'economia stessa al bene comune, cosa che or-

mai un singolo Stato, fosse anche il più potente della terra, non è in grado di fare. Per poter conseguire un tale risultato, occorre che cresca la concertazione tra i grandi Paesi e che negli Organismi internazionali siano equamente rappresentati gli interessi della grande famiglia umana. Occorre anche che essi, nel valutare le conseguenze delle loro decisioni, tengano sempre adeguato conto di quei popoli e Paesi che hanno scarso peso sul mercato internazionale, ma concentrano i bisogni più vivi e dolenti e necessitano di maggior sostegno per il loro sviluppo. Indubbiamente, in questo campo rimane molto da fare.

59. Perché, dunque, si attui la giustizia ed abbiano successo i tentativi degli uomini per realizzarla, è necessario il *dono della grazia*, che viene da Dio. Per mezzo di essa, in collaborazione con la libertà degli uomini, si ottiene quella misteriosa presenza di Dio nella storia che è la Provvidenza.

L'esperienza di novità vissuta nella sequela di Cristo esige di essere comunicata agli altri uomini nella concretezza delle loro difficoltà, lotte, problemi e sfide, perché siano illuminate e rese più umane dalla luce della fede. Questa, infatti, non aiuta soltanto a trovare le soluzioni, ma rende umanamente vivibili anche le situazioni di sofferenza, perché in esse l'uomo non si perda e non dimentichi la sua dignità e vocazione.

La dottrina sociale, inoltre, ha un'importante dimensione interdisciplinare. Per incarnare meglio in contesti sociali, economici e politici diversi e continuamente cangianti l'unica verità sull'uomo, tale dottrina entra in dialogo con le varie discipline che si occupano dell'uomo, ne integra in sé gli apporti e le aiuta ad aprirsi verso un orizzonte più ampio al servizio della singola persona, conosciuta ed amata nella pienezza della sua vocazione.

Accanto alla dimensione interdisciplinare, poi, è da ricordare la dimensione pratica e, in un certo senso, sperimentale di questa dottrina. Essa si situa all'incrocio della vita e della coscienza cristiana con le situazioni del mondo e si manifesta negli sforzi che singoli, famiglie, operatori culturali e sociali, politici e uomini di Stato mettono in atto per darle forma e applicazione nella storia.

60. Annunciando i principi per la soluzione della questione operaia, Leone XIII scriveva: « La soluzione di un problema così arduo richiede il concorso e l'efficace cooperazione anche di

altri »[114]. Egli era convinto che i gravi problemi, causati dalla società industriale, potevano essere risolti soltanto mediante la collaborazione tra tutte le forze. Questa affermazione è diventata un elemento permanente della dottrina sociale della Chiesa, e ciò spiega, tra l'altro, perché Giovanni XXIII indirizzò la sua Enciclica sulla pace anche a « tutti gli uomini di buona volontà ».

Papa Leone, tuttavia, constatava con dolore che le ideologie del tempo, specialmente il liberalismo e il marxismo, rifiutavano questa collaborazione. Nel frattempo molte cose sono cambiate, specialmente negli anni più recenti. Il mondo odierno è sempre più consapevole che la soluzione dei gravi problemi nazionali e internazionali non è soltanto questione di produzione economica o di organizzazione giuridica o sociale, ma richiede precisi valori etico-religiosi, nonché cambiamento di mentalità, di comportamento e di strutture. La Chiesa si sente, in particolare, responsabile di offrire questo contributo, e — come ho scritto nell'Enciclica *Sollicitudo rei socialis* — c'è la fondata speranza che anche quel gruppo numeroso che non confessa una religione possa contribuire a dare il necessario fondamento etico alla questione sociale[115].

Nello stesso Documento ho pure rivolto un appello alle Chiese cristiane e a tutte le grandi religioni del mondo, invitando ad offrire l'unanime testimonianza delle comuni convinzioni circa la dignità dell'uomo, creato da Dio[116]. Sono persuaso, infatti, che le religioni oggi e domani avranno un ruolo preminente per la conservazione della pace e per la costruzione di una società degna dell'uomo.

D'altra parte, la disponibilità al dialogo e alla collaborazione vale per tutti gli uomini di buona volontà e, in particolare, per le persone ed i gruppi che hanno una specifica responsabilità nel campo politico, economico e sociale, a livello sia nazionale che internazionale.

61. All'inizio della società industriale, fu « il giogo quasi servile » che obbligò il mio predecessore a prendere la parola in *difesa dell'uomo*. A tale impegno nei cento anni trascorsi la Chiesa

[114] *Ibid.: l. c.*, 107.
[115] Cfr. Lett. Enc. *Sollicitudo rei socialis*, 38: *l. c.*, 564-566.
[116] Cfr. *ibid.*, 47: *l. c.*, 582.

è rimasta fedele! Infatti, è intervenuta nel periodo turbolento della lotta di classe dopo la prima guerra mondiale, per difendere l'uomo dallo sfruttamento economico e dalla tirannia dei sistemi totalitari. Ha posto la dignità della persona al centro dei suoi messaggi sociali dopo la seconda guerra mondiale, insistendo sulla destinazione universale dei beni materiali, su un ordine sociale senza oppressione e fondato sullo spirito di collaborazione e di solidarietà. Ha poi ribadito costantemente che la persona e la società non hanno bisogno soltanto di questi beni, ma anche dei valori spirituali e religiosi. Inoltre, rendendosi conto sempre meglio che troppi uomini vivono non nel benessere del mondo occidentale, ma nella miseria dei Paesi in via di sviluppo, e subiscono una condizione che è ancora quella del « giogo quasi servile », essa ha sentito e sente l'obbligo di denunciare tale realtà con tutta chiarezza e franchezza, benché sappia che questo suo grido non sarà sempre accolto favorevolmente da tutti.

A cento anni dalla pubblicazione della *Rerum Novarum* la Chiesa si trova tuttora davanti a « cose nuove » e a nuove sfide. Perciò, il centenario deve confermare nell'impegno tutti gli uomini di buona volontà e, in particolare, i credenti.

62. Questa mia Enciclica ha voluto guardare al passato, ma soprattutto è protesa verso il futuro. Come la *Rerum Novarum*, essa si colloca quasi alla soglia del nuovo secolo ed intende, con l'aiuto di Dio, prepararne la venuta.

La vera e perenne « novità delle cose » in ogni tempo viene dall'infinita potenza divina, che dice: « Ecco, io faccio nuove tutte le cose » (Ap 21, 5). Queste parole si riferiscono al compimento della storia, quando Cristo « consegnerà il regno a Dio Padre..., perché Dio sia tutto in tutti » (1 Cor 15, 24. 28). Ma il cristiano sa bene che la novità, che attendiamo nella sua pienezza al ritorno del Signore, è presente fin dalla creazione del mondo e, più propriamente, da quando Dio si è fatto uomo in Gesù Cristo e con lui e per lui ha fatto una « nuova creazione » (2 Cor 5, 17; Gal 6, 15).

Nel concludere, ringrazio ancora Dio onnipotente, che ha dato alla sua Chiesa la luce e la forza di accompagnare l'uomo nel cammino terreno verso il destino eterno. Anche nel terzo Millennio la Chiesa sarà fedele nel *fare propria la via dell'uomo*, consapevole che non procede da sola, ma con Cristo, suo Signore.

È lui che ha fatto propria la via dell'uomo e lo guida anche quando questi non se ne rende conto.

Maria, la Madre del Redentore, la quale rimane accanto a Cristo nel suo cammino verso e con gli uomini, e precede la Chiesa nel pellegrinaggio della fede, accompagni con materna intercessione l'umanità verso il prossimo Millennio, in fedeltà a Colui che, « ieri come oggi, è lo stesso e lo sarà sempre » (cfr. Eb 13, 8), Gesù Cristo, nostro Signore, nel cui nome tutti benedico di cuore.

Dato a Roma, presso San Pietro, il 1° maggio – memoria di San Giuseppe lavoratore – dell'anno 1991, decimoterzo di pontificato.

«CENTESIMUS ANNUS» GUIDA PRATICA ALLA LETTURA E ALLA COMPRENSIONE

L'enciclica *Centesimus Annus*, del 1° maggio 1991, con la quale l'attuale pontefice Giovanni Paolo II intende evidenziare la fecondità e l'attualità permanente dell'enciclica *Rerum Novarum*, emanata da Leone XIII cent'anni fa, si articola come segue:

Introduzione (nn. 1-3)
Cap. I. Tratti caratteristici della *Rerum Novarum* (nn. 4-11)
Cap. II. Verso le « cose nuove » di oggi (nn. 12-21)
Cap. III. L'anno 1989 (nn. 22-29)
Cap. IV. La proprietà privata e l'universale destinazione dei beni (nn. 30-43)
Cap. V. Stato e cultura (nn. 44-52)
Cap. VI. L'uomo è la via della Chiesa (nn. 53-62).

Sì scarno elenco è lungi dal dare anche al lettore più esperto una congrua idea della ricchezza, ma anche della complessità dell'enciclica. Noi ci siamo preoccupati del lettore medio: al quale viene qui offerta, a mò di guida pratica, una sintesi (o forse uno sminuzzamento) dell'importante documento.

A MO' DI PRELUDIO

1. Le cinque parole di gratitudine dell'intera Chiesa a Papa Leone XIII

« Desidero anzitutto soddisfare il debito di *gratitudine* che l'*intera Chiesa* ha verso il grande Papa e il suo "immortale Documento" »: la gratitudine è dunque il primo motivo che ha mosso

Papa Giovanni Paolo II, com'egli stesso scrive all'inizio dell'Introduzione, a pubblicare una speciale enciclica sociale nel centenario della prima (n. 1).

Cinque sono le ragioni per cui la Chiesa intera vuol dire grazie a Papa Leone XIII.

– Il primo grazie è per avere ripreso *coscienza della propria missione*: insegnare e diffondere la dottrina sociale appartiene infatti alla missione evangelizzatrice della Chiesa e fa parte essenziale del messaggio cristiano. Come gli Apostoli « non potevano non rendere testimonianza ma erano costretti a parlare », come Papa Leone, in quello specifico frangente, « temeva che, tacendo, avrebbe tradito il suo mandato », così la Chiesa intera, rimasta troppo a lungo silente, ha reimparato a proclamare « gli aspetti sociali del dogma cristiano » (H. de Lubac).

– Il secondo grazie della Chiesa intera è perché la decisione di Leone XIII di pubblicare la *Rerum Novarum* conferì alla Chiesa uno *statuto di cittadinanza* nelle meritevoli realtà della vita pubblica (n. 5), reinserendola nella circolazione della vita sociale da cui in parte era stata bandita, in parte si era autorecisa. Con la *Rerum Novarum* ha inizio quella fase di discernimento, di apertura e di accoglienza, da parte della comunità ecclesiale nei riguardi della comunità civile, che si farà dialogo e partecipazione con il Concilio Vaticano II.

– Il terzo grazie della Chiesa a Papa Leone è per aver « *creato la dottrina sociale* » vale a dire un insieme di principi di riflessione, di criteri di giudizio e di direttive d'azione, volti ad orientare il comportamento del cristiano nella congiuntura economica, sociale e culturale di quel tempo. La Chiesa ha capito che la dottrina sociale non nasce definitivamente formulata, con ricette prefabbricate, ma abbisogna d'essere scritta continuamente, ad opera dei pontefici che si succedono sulla Cattedra di Pietro, grazie alle « provocazioni », agli stimoli e ai contributi di tutti i membri della comunità ecclesiale (nn. 53-54).

– Il quarto grazie della Chiesa è per aver scoperto, grazie all'audacia di Leone XIII, *i suoi nuovi poveri*. L'enciclica *Rerum Novarum*, infatti, rappresentò la prima « scelta preferenziale dei poveri » (anche se, perché fosse coniata l'espressione, bisognava attendere Medellín e Puebla). Idealmente, scrivendo la prima enciclica sociale, Leone XIII ripete la scena del Maestro: prende uno dei tanti milioni di proletari e lo colloca in mezzo alla Chiesa e alla società ed esclama: « Se non diventerete uno di questi – un indifeso, un povero, un emarginato, uno-che-non-conta – non entrerete nel Regno ».

– Il quinto grazie dell'intera Chiesa è per essere stata coinvolta, nella scia di papa Leone,

> « in quel grandioso movimento per la difesa della persona umana e la tutela della sua dignità, il che nelle alterne vicende della storia ha contribuito a costruire una società più giusta o, almeno, a porre argini e limiti all'ingiustizia » (n. 3).

2. Una rilettura tridimensionale

Dopo aver ringraziato il predecessore, Giovanni Paolo II anticipa brevemente i *contenuti* della sua nuova enciclica e nel contempo ci spiega il *metodo* che intende adottare.

In chiave metodologica, merita evidenziare una innovazione presente nella *Centesimus Annus*:

> « La sollecitudine pastorale — precisa il Pontefice concludendo l'introduzione — mi ha spinto, altresì, a proporre *l'analisi di alcuni avvenimenti della storia recente.* È superfluo rilevare che il considerare attentamente il corso degli avvenimenti per discernere le nuove esigenze dell'evangelizzazione fa parte del compito dei Pastori. Tale esame, tuttavia, *non intende dare giudizi definitivi,* in quanto di per sé *non rientra* nell'ambito specifico del Magistero » (n. 3, conclusione).

Il lettore che abbia una certa familiarità con i grandi testi del Magistero sarà immediatamente corso a quel celebre n. 4 della Lettera apostolica *Octogesima adveniens* di Paolo VI che inaugurava una analoga metodologia.

I. RERUM NOVARUM: PRIMA ENCICLICA SUI DIRITTI DEI POVERI

Sotto il titolo *Tratti caratteristici della Rerum Novarum,* il primo capitolo (n. 4-11) vuol essere una sintetica presentazione dei punti salienti dell'enciclica di Leone XIII che già nel 1931, in occasione del quarantesimo anniversario, un papa notoriamente allergico alla retorica qual era Pio XI aveva definito « immortale documento ». Tale eccezionale importanza è evidenziata dai suoi *cinque aspetti di novità.*

1. Prima enciclica sociale

Il quadro economico, sociale e politico, sul finire del secolo scorso, è caratterizzato da radicali mutamenti (n. 4), da cui risultano: una nuova concezione della società, dello Stato e dell'autorità, una nuova forma di proprietà (il capitale) e di lavoro (quello salariato, generalmente svalutato a semplice merce); una società divisa in due classi separate da un abisso profondo; due ideologie contrapposte (liberalismo capitalista e socialismo marxista), dispensatrici entrambe di ricette miracolose per un radioso futuro; e finalmente « il *conflitto* tra capitale e lavoro, tanto più duro e inumano perché non conosceva né regola né norma » (n. 5).

Di fronte « a un conflitto che opponeva, quasi come "lupi", l'uomo all'uomo fin sul piano della sussistenza fisica degli uni e dell'opulenza degli altri », Leone XIII non dubitò di dover intervenire (« Tacere sarebbe tradire il Nostro ministero apostolico ») ed emanò la *Rerum Novarum*. La prima cosa da notare è proprio il fatto che essa sia uscita, che ci sia, cioè, stata una *prima* enciclica *sociale*. Nessuno si meraviglia, oggi, che un papa preannunci e scriva una nuova enciclica d'argomento sociale; cento anni fa era tutt'altro che scontato.

« In questo modo — afferma l'enciclica *Centesimus Annus* — Leone XIII, sulle orme dei predecessori, stabiliva un *paradigma permanente* per la Chiesa. Questa, infatti, ha *la sua parola da dire* di fronte a determinate situazioni umane, individuali e comunitarie, nazionali e internazionali, per le quali formula una vera dottrina, un *corpus*, che le permette di *analizzare* le realtà sociali, di *pronunciarsi* su di esse e di indicare *orientamenti* per la giusta soluzione dei problemi che ne derivano » (n. 5).

2. Prima enciclica sulla giustizia

L'intenzione del Pontefice era quella di ristabilire la pace tra capitalisti e proletari, e il lettore contemporaneo non può non notare la severa condanna della lotta di classe, che egli pronunciava senza mezzi termini. Ma egli era ben consapevole del fatto che

« *la pace si edifica sul fondamento della giustizia*: contenuto essenziale della *Rerum Novarum* fu appunto quello di proclamare le condizioni fondamentali della giustizia nella congiuntura economica e sociale di allora » (n. 5).

3. Prima enciclica sui diritti della persona

« La chiave di lettura del testo leoniano è la *dignità del lavoratore* » (n. 6). Il lavoratore in quanto persona: la cui dignità è fonte di diritti fondamentali. Ed è molto interessante che Giovanni Paolo II ci inviti a rileggere la *Rerum Novarum* come la prima « carta papale » sui diritti della persona. Nei nn. 6-10 della *Centesimus Annus* quelli che sotto la penna di Leone XIII erano i *doveri dello Stato* verso i cittadini lavoratori (difesa della proprietà, prevenzione dello sciopero, tutela dei fanciulli e delle donne ecc.), sono trascritti dal successore quali *diritti dell'uomo lavoratore*: diritto alla proprietà privata (n. 6); diritto a creare e gestire sindacati (n. 7); diritto al riposo, a un ben definito orario di lavoro e a condizioni di lavoro convenienti al sesso, all'età, al rischio e alla pesantezza (n. 7); diritto a un salario giusto, sufficiente a mantenere l'operaio e la sua famiglia (n. 8); diritto, infine, al libero adempimento dei doveri religiosi (n. 9).

4. Prima enciclica sui principi di solidarietà e di sussidiarietà

Ricca d'insegnamenti per i nostri giorni è la concezione dei rapporti tra Stato, cittadini e gruppi sociali presente nella *Rerum Novarum*.

Anzitutto, si ricorda allo Stato che,

> « nel tutelare i diritti dei privati, si deve avere un riguardo speciale ai deboli e ai poveri. La classe dei ricchi, forte per se stessa, ha meno bisogno della pubblica difesa; la classe proletaria, mancando di un proprio sostegno, ha speciale necessità di cercarlo nella protezione dello Stato. Perciò agli operai, che sono nel numero dei deboli e bisognosi, lo Stato deve rivolgere *di preferenza* le sue cure e provvidenze » (n. 10).

Nella *Rerum Novarum*, anche se non esplicitamente formulato, è poi ripetutamente ribadito che lo Stato, nel suo doveroso intervento, si attenga a quel rispetto delle prioritarie competenze degli individui, delle famiglie e dei gruppi intermedi che oggi denominiamo *principio di sussidiarietà* (n. 11).

5. Prima enciclica sui poveri

La rilettura della *Rerum Novarum* alla luce delle realtà contemporanee permette infine di apprezzare *la costante preoccupazione e dedizione della Chiesa* nei riguardi di quelle categorie di persone, che sono oggetto di predilezione da parte del Maestro. Il contenuto del testo è un'eccellente testimonianza della continuità, nella Chiesa, della cosiddetta *opzione preferenziale per i poveri*

> « L'Enciclica sulla "questione operaia" , dunque, è un *Enciclica sui poveri* e sulla terribile condizione, alla quale nuovo e non di raro violento processo di industrializzazione aveva ridotto grandi moltitudini. Anche oggi, in gran parte del mondo, simili processi di trasformazione economica, sociale e politica producono i medesimi mali » (n. 11).

II. Antiche e nuove sfide

Intitolato *Verso le « cose nuove » di oggi*, il capitolo secondo della *Centesimus Annus* (nn. 12-21) è un invito a « guardare attorno » per renderci conto delle « cose nuove » in cui siamo, per così dire, immersi, ben diverse dalle « cose nuove » dei tempi di Leone XIII.

1. Lucidità e lungimiranza

Prima di posarsi sul presente, tuttavia, lo sguardo di Giovanni Paolo II si attarda alquanto ad ammirare sia la *lucidità* della *Rerum Novarum* nel leggere il quadro storico, nel percepire cioè, « in tutta la sua crudezza, la reale condizione d'ingiustizia dei proletari, uomini, donne e bambini » (n. 12), sia la sorprendente *lungimiranza* nel prevedere le conseguenze negative sotto tutti gli aspetti d'un ordinamento della società quale proponeva *il socialismo* (che allora era soltanto allo stadio di filosofia sociale e di movimento più o meno strutturato).

Leone XIII valutò esattamente il pericolo che rappresentava per le masse l'*attraente* presentazione di una soluzione tanto semplice quanto radicale della questione operaia di allora: soluzione che sotto l'apparenza di un'inversione delle posizioni di poveri e ricchi, andava in realtà *a detrimento* di quegli stessi che si ripromettеva di aiutare. *Il rimedio si sarebbe così rivelato peggiore del male.*

2. Le ragioni dello scacco del socialismo

A un secolo di distanza, avendo assistito allo scacco del « socialismo reale », Giovanni Paolo II ci guida alla ricerca del profondo perché di tale fallimento.

Il primo errore del socialismo è di carattere *antropologico*. In esso

> « l'uomo è ridotto ad una serie di relazioni sociali, e scompare il concetto di persona come soggetto autonomo di decisione morale, il quale costruisce mediante tale decisione l'ordine sociale » (*ib.*).

Il secondo errore è l'*ateismo* (connesso col razionalismo illuminista):

> « la negazione di Dio priva la persona del suo fondamento e, di conseguenza, induce a riorganizzare l'ordine sociale *prescindendo dalla dignità* e *responsabilità della persona* » (*ib*.).

3. Identità di radici tra lotta di classe e militarismo

Dalla medesima radice ateistica scaturisce anche la scelta del mezzo d'azione propria del socialismo, la *lotta di classe* (da non confondere con la « buona lotta per la giustizia » elogiata da Pio XI nell'enciclica *Quadragesimo Anno*). La condanna della lotta di classe è tutt'altro che nuova nel magistero sociale cristiano; nuova e penetrante ci sembra però la motivazione addotta dalla *Centesimus Annus* che vi scorge un'applicazione – sul terreno sociale – della *dottrina della guerra totale*, che il militarismo e l'imperialismo imponevano nell'ambito dei rapporti internazionali.

> « Lotta di classe in senso marxista e militarismo, dunque, hanno le stesse radici: l'ateismo e il disprezzo della persona umana, che fan prevalere il principio della forza su quello della ragione e del diritto » (n. 14).

4. La via delle giuste riforme

Non meno decisamente la *Rerum Novarum* criticava, sulla sponda opposta, la concezione « liberale-borghese » dello Stato che lascia il settore dell'economia totalmente al di fuori del suo campo di interesse e di azione. La *Rerum Novarum* indica la *via delle giuste riforme,* tese a restituire al lavoro la sua dignità di libera attività dell'uomo. Esse implicano un'assunzione di precise responsabilità da parte della società e dello Stato:

– per combattere la *disoccupazione* (sia con idonee politiche economiche e di riqualificazione professionale, sia tramite l'apposita assicurazione);

– per assicurare *livelli salariali* adeguati al mantenimento del lavoratore e della sua famiglia, inclusa una certa capacità di risparmio, adottando adeguate misure legislative per stroncare fenomeni vergognosi di sfruttamento, soprattutto a danno dei lavoratori più deboli, immigrati o marginali. Decisivo in questo settore è il ruolo dei sindacati;

– per garantire il rispetto di *orari* « umani » di lavoro e di riposo, oltre che il diritto di esprimere la *propria personalità* sul luogo di lavoro (problema della partecipazione).

Al conseguimento di questi fini lo Stato deve concorrere sia indirettamente (secondo il principio di sussidiarietà), sia direttamente (secondo il principio di solidarietà).

A loro volta, i *sindacati* non devono considerarsi solo come

> « strumenti di contrattazione, ma anche quali "luoghi" di espressione della personalità dei lavoratori: essi servono allo sviluppo di un'autentica cultura del lavoro ed aiutano i lavoratori a partecipare in modo pienamente umano alla vita dell'azienda » (n. 15).

Nella lotta per realizzare le citate riforme un ruolo determinante ebbe il *Movimento operaio,* sia d'indirizzo socialista sia d'ispirazione cristiana (n. 16).

5. Tre tentativi di arginare il dilagare del totalitarismo comunista

Alla fine della seconda guerra (con le innaturali spaccature decise a Yalta e la conseguente costante minaccia di guerra atomica, cfr. n. 18), il dato che si impone è il dilagare del totalitarismo comunista su oltre metà Europa e su sempre più vaste regioni del mondo. Per arginare quella minacciosa marea, si sono tentate tre vie diverse:

— la cosiddetta *economia sociale di mercato,* localizzata in una società democratica, ispirata alla giustizia sociale, la quale priva il comunismo del potenziale rivoluzionario costituito da moltitudini sfruttate e oppresse;

— i sistemi di *sicurezza nazionale*, miranti a costellare in modo capillare tutta la società per rendere impossibile l'infiltrazione marxista (ma col rischio di distruggere libertà e valori in nome dei quali bisogna opporsi ad essa);

— la società del benessere o *dei consumi*: essa

> « tende a sconfiggere il marxismo sul terreno di un puro materialismo, mostrando come una società di libero mercato possa conseguire un soddisfacimento più pieno dei bisogni materiali umani, pur escludendo (come il consumismo) i valori spirituali » (n. 19).

6. Le scorciatoie dei socialismi nazionali

Nel medesimo periodo, attraverso il grandioso processo di « decolonizzazione », numerosi Paesi accedono all'indipendenza. Però, nonostante la formale riconquista della sovranità statuale, settori decisivi dell'economia rimangono in mano alle grandi imprese straniere; si moltiplicano i conflitti tra gruppi tribali; mancano i quadri per l'onesto funzionamento dello Stato e la gestione efficiente dell'economia.

> « Posta questa situazione, a molti sembra che il marxismo possa offrire come una scorciatoia per l'edificazione della Nazione e dello Stato, e nascono perciò diverse varianti del socialismo con un carattere nazionale specifico: in esso vengono a mescolarsi legittime esigenze di riscatto nazionale, forme di nazionalismo ed anche di militarismo, principi tratti da antiche tradizioni popolari, talvolta consonanti con la dottrina sociale cristiana, e concetti del marxismo-leninismo » (n. 20).

7. Due spiragli di luce

A diradare le nebbie di tutte codeste « cose nuove » in cui siamo immersi, giova ricordare in primo luogo la *più viva coscienza dei diritti umani*, che ha trovato riconoscimento in diversi Documenti Internazionali[1]; in secondo luogo, la costituzione dell'Organizzazione delle Nazioni Unite cui individui e popoli, anche se a fatica, accordano fiducia, specialmente per

> « sanare i gravi squilibri tra le diverse aree geografiche del mondo che, in un certo senso, hanno trasferito il centro della questione sociale dall'ambito nazionale al livello internazionale. Alle Nazioni Unite, purtroppo, non è riuscito fino ad ora di costruire strumenti efficaci alternativi alla guerra, per la soluzione dei conflitti internazionali: sembra esser questo il problema più urgente che la comunità internazionale deve ancora risolvere » (n. 21).

III. L'anno 1989

Il terzo capitolo (comprendente i nn. 22-29) sta al centro della *Centesimus Annus* e ne costituisce indubbiamente il cuore.

Esso si riferisce agli avvenimenti che ebbero il loro culmine nel 1989 nei Paesi dell'Europa centrale ed orientale, della cui inaspettata e promettente portata il papa slavo ci offre un'illuminante lettura ed interpretazione.

1. Ingigantita eco del grido di Leone XIII

« *Nemini licet*! A nessuno è lecito violare impunemente quella dignità dell'uomo che Dio stesso tratta con grande riverenza! ». Lapidaria, posta dal papa nel cuore della *Rerum Novarum*,[2] codesta proibizione contro i soprusi e le violazioni di tutti i tempi e di tutti gli spazi, ha attraversato un intero secolo ed è andata a infrangersi, altissimo grido, contro la cortina di ferro e il muro di Berlino, volatilizzandoli (cfr. n. 27, paragrafo conclusivo).

Si ha proprio l'impressione che Giovanni Paolo II pensi alle parole del suo lungimirante predecessore, allorché scrive:

> « Un contributo importante, anzi decisivo, ha dato *l'impegno della Chiesa per la difesa e la promozione dei diritti dell'uomo*: in ambienti fortemente ideologizzati, in cui lo schieramento di parte offuscava la consapevolezza della comune dignità umana, la Chiesa ha affermato con semplicità ed energia che ogni uomo — quali che siano le sue convinzioni personali — porta

[1] Cfr. Dichiarazione Universale dei Diritti dell'Uomo, del 1948; Giovanni XXIII, Lett. Enc. *Pacem in terris*, IV: *l. c.*, 291-296; « Atto Finale » della Conferenza sulla Sicurezza e la Cooperazione in Europa (CSCE), Helsinki 1975.

[2] Cfr. *Rerum Novarum* n. 32, pp. 59-60 di questo stesso volume.

in sé l'immagine di Dio e, quindi, merita rispetto. In tale affermazione si è spesso riconosciuta la grande maggioranza del popolo, e ciò ha portato alla ricerca di forme di lotta e di soluzioni politiche più rispettose della dignità della persona » (n. 22).

2. Quattro fattori decisivi per il crollo delle « strutture di menzogna »

L'enciclica passa quindi a enumerare i fattori della caduta dei regimi oppressivi (nn. 23 e 24).

– Il fattore decisivo è certamente *la violazione dei diritti del lavoro*:

« Sono *le folle dei lavoratori* a delegittimare l'ideologia, che presume di parlare in loro nome, ed a ritrovare e quasi riscoprire, partendo dall'esperienza vissuta e difficile del lavoro e dell'oppressione, espressioni e principi della dottrina sociale della Chiesa » (n. 23).

Lavoratori che fanno una rivoluzione pacifica e, senza una goccia di sangue, spazzano via

« l'ordine europeo consacrato dagli accordi di Yalta che sembrava potesse essere scosso solo da un'altra guerra ».

– Secondo fattore di crisi è certo l'*inefficienza del sistema economico*, conseguenza della violazione dei diritti umani all'iniziativa, alla proprietà e alla libertà nel settore dell'economia.

– Terzo fattore è la violenza perpetrata *contro la cultura* e i diritti nazionali.

– Ultimo fattore il *vuoto spirituale* provocato dall'*ateismo*:

« Il marxismo aveva promesso di sradicare il bisogno di Dio dal cuore dell'uomo, ma i risultati hanno dimostrato che non è possibile riuscirci senza sconvolgere il cuore ».

3. Quattro riflessi sullo scenario mondiale

Svoltisi prevalentemente nell'Europa centro-orientale, gli avvenimenti dell'89 hanno un'importanza mondiale per le conseguenze, positive e negative, sull'intera famiglia umana (nn. 26-29).

a) Per la Chiesa

– è avvenuto il suo *incontro* con il *movimento operaio*, in precedenza egemonizzato dal marxismo;

— è emersa ancora più chiaramente l'*impossibilità* del *compromesso tra marxismo e cristianesimo*;

— riceve conferma la positività d'un'autentica *teologia dell'integrale liberazione umana.*

b) Per i popoli dell'Europa:

— si vanno riscoprendo le *comuni radici cristiane*;

— il crollo delle divisioni innaturali ha messo in più chiara luce l'*interdipendenza* dei popoli;

— per alcuni Paesi europei inizia, in un certo senso, il « vero dopoguerra »: è *giusto* che i Paesi ex-comunisti siano sostenuti in maniera concreta (come era avvenuto, tramite il Piano Marshal, per le nazioni occidentali subito dopo il 1945); oltre che giusto, è anche nell'interesse dell'intera Europa.

c) Per i Paesi del Terzo Mondo: le esigenze sopra citate non devono rallentare gli sforzi per l'aiuto a quei Paesi che versano in situazioni di maggior bisogno. Ingenti risorse possono essere rese disponibili col disarmo degli enormi apparati militari. Ma soprattutto occorre creare una nuova mentalità: dobbiamo tutti convincerci che

> « l'elevazione dei poveri è una grande occasione per la crescita morale, culturale ed anche economica dell'intera umanità ».

d) Per l'intera famiglia umana: nei regimi totalitari ed autoritari era stato portato all'estremo il principio del primato della forza sulla ragione.

> « Bisogna rovesciare quel principio e riconoscere integralmente *i diritti della coscienza umana*, legata solo alla verità sia naturale che rivelata. Nel riconoscimento di questi diritti consiste il *fondamento primario* di ogni ordinamento politico autenticamente libero ».

IV. Nuove forme di proprietà e lavoro nella dinamica della destinazione universale dei beni

Il quarto capitolo della *Centesimus Annus* (il più ampio e articolato, comprendente i nn. da 30 a 43) costituisce un importante arricchimento dottrinale e vuol essere un approfondimento della *legge della comune destinazione dei beni creati:* legge che aveva magistralmente illustrato il Papa Pio XII proprio nella solenne celebrazione del 50° della *Rerum Novarum*, che il Concilio Vaticano II aveva riproposto quale dottrina tradizionale della Chiesa[3] e che rappresenta uno dei capisaldi dell'insegnamento di Giovanni Paolo II (nota 7).

1. La proprietà della conoscenza, della tecnica e del sapere

Riaffermata l'origine della proprietà individuale « tradizionale » che ha la sua radice nell'associazione terra-lavoro (n. 31), la *Centesimus Annus* illustra la « nuova » forma di proprietà la cui importanza non è inferiore a quella della terra: *è la proprietà della conoscenza, della tecnica e del sapere.* Su questo tipo di proprietà si fonda la ricchezza delle Nazioni industrializzate molto più che su quella delle risorse naturali.

Infatti, dalla combinazione del lavoro con tale « nuova » proprietà,

> « diventa sempre più evidente e determinante *il ruolo del lavoro umano* disciplinato e creativo e — quale parte essenziale di tale lavoro — *delle capacità di iniziativa e di imprenditorialità* » (n. 32).

2. L'uomo torna al primo posto

Riemerge così una verità costantemente affermata dal cristianesimo: *la principale risorsa dell'uomo,* insieme con la terra, è *l'uomo stesso:* l'uomo con la sua intelligenza, col suo lavoro, con le *virtù* coinvolte.

A sua volta, la moderna *economia d'impresa,* così diversa da quella tradizionale ove il fattore decisivo della produzione era *la terra* e più tardi *il capitale,* va evidenziando che oggi il fattore decisivo è sempre più *l'uomo stesso*, e cioè la sua capacità di conoscenza che viene in luce mediante il sapere scientifico, la sua capacità di organizzazione solidale, la sua capacità di intuire e soddisfare il bisogno dell'altro.

[3] Cost. past. sulla Chiesa nel mondo contemporaneo *Gaudium et spes,* 69; 71.

Purtroppo sullo sfondo di codesta inedita combinazione proprietà-lavoro si profila la minaccia d'un nuovo proletariato.

« Di fatto, oggi molti uomini, forse *la grande maggioranza, non dispongono di strumenti* che consentono di entrare in modo effettivo ed umanamente degno all'*interno* di un sistema di impresa, nel quale il lavoro occupa una posizione davvero centrale. Essi *non hanno la possibilità di acquisire le conoscenze di base,* che permettono di esprimere la loro creatività e di sviluppare le loro potenzialità, né di entrare nella rete di conoscenze ed intercomunicazioni, che consentirebbe di vedere apprezzate ed utilizzate le loro qualità. Essi insomma, *se non proprio sfruttati,* sono ampiamente emarginati, e lo sviluppo economico si svolge, per così dire, *sopra la loro testa,* quando non restringe addirittura gli spazi già angusti delle loro antiche economie di sussistenza ».

Sono le « carenze umane del capitalismo » che riemergono anche nei Paesi cosiddetti sviluppati ove, sotto la sferza della riqualificazione e dell'aggiornamento, coloro che non riescono a stare al passo sono emarginati, insieme con gli anziani, molti giovani e non poche donne.

3. L'economia di mercato: pregi e difetti

Nei nn. 34 e 35 la *Centesimus Annus* si prefigge di rispondere a chi immagina che la sconfitta del « socialismo reale » lasci il capitalismo come unico modello di organizzazione economica; prende quindi in considerazione il libero mercato e la questione del profitto.

— Il *libero mercato* si presenta come lo strumento più efficace per impiegare le risorse e rispondere ai bisogni.

« Ma esistono numerosi bisogni umani che non hanno accesso al mercato. È stretto dovere di giustizia e di verità impedire che i bisogni umani fondamentali rimangano insoddisfatti e che gli uomini che ne sono oppressi periscano ».

— Quanto al *profitto,* la Chiesa dichiara di riconoscere la giusta funzione; ma aggiunge,

« ...Il profitto non è l'unico indice delle condizioni dell'azienda. È possibile che i conti economici siano in ordine ed insieme che gli uomini, che costituiscono il patrimonio più prezioso dell'azienda, siano *umiliati e offesi nella loro dignità.* Oltre ad essere moralmente inammissibile, ciò non può non avere in prospettiva riflessi negativi anche per l'*efficienza economica* dell'azienda. Scopo dell'impresa, infatti, non è semplicemente la produzione del profitto, bensì l'esistenza stessa dell'impresa come *comunità di uomini* che, in diverso modo, perseguono il soddisfacimento dei loro fondamentali bisogni e costituiscono un particolare gruppo al servizio dell'intera società » (n. 35).

– Questa sezione dell'enciclica si chiude con un vibrante «non licet!» a proposito del gravissimo problema del *debito estero:*

« È certamente giusto il principio che i debiti debbano essere pagati; non è lecito, però, chiedere o pretendere un pagamento, quando questo verrebbe a imporre di fatto scelte politiche tali da spingere alla fame e alla disperazione intere popolazioni ».

4. La domanda di qualità: legittima e rischiosa

All'interno delle economie più avanzate, sempre più stimolante si fa la domanda di *qualità*: qualità delle merci da produrre e da consumare; qualità dei servizi di cui usufruire; qualità dell'ambiente e della vita in generale.

Si tratta d'una domanda legittima, ma non priva di pericoli. Infatti

« attraverso le scelte di produzione e di consumo si manifesta una determinata cultura, come *concezione globale della vita*. È quindi che sorge *il fenomeno del consumismo* » (n. 36).

Il Pontefice si sofferma quindi su quell'esempio vistoso di consumo artificiale che è la *droga*, nonché sulla dimensione morale e culturale della *scelta di investire* in un luogo piuttosto che in un altro, in un settore produttivo piuttosto che in un altro.

5. Le condizioni morali d'una ecologia umana

L'enciclica dedica un'importante sezione (nn. 38-40) allo studio delle conseguenze dell'irrazionale distruzione dell'*ambiente umano*, assai più grave della dilapidazione dell'ambiente naturale.

« Non solo la terra è stata data da Dio all'uomo, che deve usarla rispettando l'intenzione originaria di bene, secondo la quale gli è stata donata; *ma l'uomo è donato a se stesso da Dio* e deve, perciò, rispettare la struttura naturale e morale, di cui è stato dotato ».

a) Prima e fondamentale struttura a favore dell'ecologia umana è la *famiglia*, fondata sul matrimonio.

« Contro la cosiddetta *cultura della morte*, la famiglia costituisce la sede della *cultura della vita* ».

b) In secondo luogo l'ecologia umana esige che si torni a valutare l'*economia* per quel che essa veramente è: soltanto una dimensione della complessa attività umana. A sua volta,

« la *libertà economica* è soltanto un elemento della libertà umana. Quando quella si rende autonoma, quando cioè l'uomo è visto più come un produttore o un consumatore di beni che come un soggetto che produce e consuma per vivere, allora perde la sua necessaria relazione con la persona umana e finisce con l'alienarla ed opprimerla » (n. 39).

c) Infine, l'ecologia umana esige che l'intera società si assuma il dovere di difendere i *beni collettivi* che cotituiscono la cornice al cui interno, soltanto, è possibile per ciascuno conseguire legittimamente i propri fini individuali (n. 40).

6. Morto il comunismo, lunga vita al capitalismo?

Gli avvenimenti del 1989 hanno dimostrato che il collettivismo non solo non sopprime l'alienazione della vita umana, ma piuttosto l'accresce, aggiungendovi la penuria delle cose necessarie e l'inefficienza economica.

Ma anche l'esperienza storica dell'Occidente è lì a dimostrare che l'alienazione – con la perdita del senso autentico della vita – è un fatto reale, quotidiano, sia sui consumi, sia nel lavoro, sia nei rapporti.

Il pontefice si rende conto che non può sottrarsi alla domanda che spontaneamente si pongono tutti coloro che hanno vissuto gli eventi del 1989: il fallimento del comunismo significa la vittoria del capitalismo?

È questo il modello che dobbiamo perseguire nei nostri Paesi e che dobbiamo esportare?

La risposta, dice la *Centesimus Annus*, è complessa.

– Se con « capitalismo » si indica un sistema economico che riconosce il ruolo fondamentale e positivo dell'impresa, del mercato, della proprietà privata e della conseguente responsabilità per i mezzi di produzione, della libera creatività umana nel settore dell'economia, *la risposta è certamente positiva*. Ma se con

> « capitalismo » si intende un sistema in cui la libertà nel settore dell'economia non è inquadrata in un solido contesto giuridico che la metta a servizio della libertà umana integrale e la consideri come una particolare dimensione di questa libertà il cui centro è etico e religioso, allora la *risposta è decisamente negativa* » (n. 42).

7. La Chiesa non offre una « terza via »

C'è un'altra domanda ricorrente che il Papa conosce, alla quale risponde senza esitazione: *la Chiesa non ha modelli da proporre.*

I modelli reali e veramente efficaci possono solo nascere nel quadro delle diverse situazioni storiche, grazie allo sforzo di tutti i responsabili che affrontano i problemi concreti in tutti i loro aspetti sociali, economici, politici e culturali che si intrecciano tra loro.

A tale impegno la Chiesa offre, come *indispensabile orientamento ideale*, la propria dottrina sociale, di cui il n. 43 della *Centesimus Annus* offre una lucida, efficace sintesi che il lettore interessato potrà utilmente meditare.

V. Una cultura che alimenti di valori lo Stato democratico

> « Dopo il crollo del totalitarismo comunista e di molti altri regimi totalitari e "di sicurezza nazionale", si assiste oggi al prevalere, non senza contrasti, dell'ideale democratico, unitamente ad una viva attenzione e preoccupazione per i diritti umani ».

Questa affermazione, con cui inizia il n. 47 della *Centesimus Annus* potrebbe rappresentare la chiave di lettura del quinto capitolo, vero e proprio manualetto di democrazia inserito nell'enciclica quale suggerimento alle centinaia e centinaia di milioni di « aspiranti » alla vita democratica non solo nell'Europa centro-orientale, ma anche in numerosi Paesi d'Africa, America Latina e Asia.

1. Il principio dello « Stato di diritto » ancorato nella « Rerum Novarum »

« Una novità nell'insegnamento della Chiesa »: tale è la valutazione che Giovanni Paolo II fa della coraggiosa « *opzione democratica* » che Leone XIII fa nell'enciclica *Rerum Novarum*, là dove presenta l'organizzazione dello Stato secondo quella triplice ripartizione dei poteri che si riassume nel principio dello « Stato di diritto ». Opzione non solo coraggiosa, ma anche per la maggioranza di molti politici cattolici (francesi ed austriaci in primo luogo) imprevedibile (viste le famose encicliche « politiche » dello stesso Pontefice) e sorprendente: si trattava, infatti, d'una vera e propria svolta nella valutazione dei regimi politici da parte del magistero.

2. Incompatibilità tra cristianesimo e totalitarismo

Se il popolo si schiera decisamente per il sistema dello « Stato di diritto », è inammissibile che un cristiano accetti il *totalitarismo*,

> « la cui radice è da individuare nella negazione della trascendente dignità della persona umana, immagine visibile del Dio invisibile e proprio per questo, per sua natura stessa, soggetto di diritti che nessuno può violare: né l'individuo, né il gruppo, né la classe, né la Nazione o lo Stato. Non può farlo nemmeno la maggioranza di un corpo sociale, ponendosi contro la minoranza, emarginandola, opprimendola, sfruttandola o tentando di annientarla » (n. 44).

Lo Stato totalitario è *l'opposto della democrazia*, in quanto tende ad assorbire

> « in se stesso la Nazione, la società, la famiglia, le comunità religiose e le stesse persone. Difendendo la propria libertà, la Chiesa difende la persona che deve "obbedire a Dio piuttosto che agli uomini" (cfr. At 5, 29), la famiglia, le diverse organizzazioni sociali e le nazioni, realtà tutte che godono di una propria sfera di autonomia e di sovranità » (n. 45).

3. Democrazia e verità

Non basta, perché ci sia autentica democrazia, che si opti per lo « Stato di diritto »: occorre che ci si lasci guidare da una *retta concezione* tanto della *persona umana*, quanto di quella che l'enciclica felicemente definisce la « *soggettività della società* », che si esplica nel molteplice intersecarsi dei rapporti tra individui, famiglie e gruppi, e favorisce la creazione di strutture di partecipazione e di corresponsabilità (cfr. n. 46).

Democrazia, osserva ancora il Papa, non è sinonimo di agnosticismo e di relativismo scettico: « una democrazia senza valori si converte facilmente in un totalitarismo aperto oppure larvato ». Capita però spesso che siano considerati « poco affidabili » dal punto di vista democratico quei cittadini che « non accettano che la verità sia determinata dalla maggioranza o sia variabile a seconda dei diversi equilibri politici » (n. 46). Certo, la Chiesa non vuole fare imposizioni e sceglie come metodo il rispetto della libertà. « Ma la libertà è pienamente valorizzata soltanto dall'accettazione della verità ».

4. Rispettare i diritti umani

Gli « aspiranti democratici » cui si accennava si accingono a iscrivere le loro nuove costituzioni, basandole sul solido fondamento del riconoscimento dei diritti umani: ma il Papa non esita (n. 47) a formulare una sinteticissima, ma illuminante « Carta dei diritti fondamentali », che faremmo bene a rimeditare anche noi cittadini delle vecchie democrazie. Anche perché certe loro disfunzioni in fin dei conti non sono altro che violazioni dei diritti personali:

> « Le domande che si levano dalla società a volte non sono esaminate secondo criteri di giustizia e di moralità, ma piuttosto secondo la forza elettorale o finanziaria dei gruppi che le sostengono. Simili deviazioni del costume politico col tempo generano sfiducia ed apatia con la conseguente diminuzione della partecipazione politica e dello spirito civico in seno alla popolazione, che si sente danneggiata e delusa ».

5. Ruolo dello Stato nel settore economico

Il n. 48 elenca i tre compiti che lo Stato democratico deve assumersi per iscrivere in un quadro istituzionale, giuridico e politico l'economia di mercato:

– garantire la *sicurezza* della libertà individuale e della proprietà, una moneta stabile e servizi pubblici efficienti;

— sorvegliare e guidare l'esercizio dei *diritti umani nel settore economico*, secondo il principio della sussidiarietà;

— in situazioni eccezionali, svolgere funzioni di supplenza, ben circoscritte e limitate nel tempo.

L'enciclica non trascura di accennare alla crisi del cosiddetto « *stato del benessere* » (Welfare State), da molti stigmatizzati quale « Stato assistenziale »:

> « Intervenendo direttamente e deresponsabilizzando la società, lo Stato assistenziale provoca la perdita di energie umane e l'aumento esagerato degli apparati pubblici, dominati da logiche burocratiche più che dalla preoccupazione di servire gli utenti, con enorme crescita delle spese » (n. 48).

Ricordando come la Chiesa è da sempre presente in mezzo all'umanità con opere concrete, l'enciclica fa speciale menzione del *volontariato*; se auspica il diffondersi di sempre più vaste reti di solidarietà e di carità; ricorda quanto sia urgente promuovere politiche per la famiglia e politiche sociali che coinvolgano le varie società intermedie (n. 49).

6. Cultura e nazione

A partire dal n. 50, l'enciclica affronta l'altro problema cruciale preannunciato nel titolo, vale a dire il tema della *cultura della Nazione*:

> « Tutta l'attività umana ha luogo all'interno di una cultura e interagisce con essa. Per un'adeguata formazione di tale cultura si richiede il coinvolgimento di tutto l'uomo, il quale vi esplica la sua creatività, la sua intelligenza, la sua conoscenza del mondo degli uomini (...). Per questo, il primo e più importante lavoro si compie nel *cuore dell'uomo* » (n. 51).

La Chiesa offre un contributo decisivo a favore della vera cultura, innanzi tutto installando una *cultura della pace*,

> « *predicando la verità intorno alla creazione del mondo*, che Dio ha posto nelle mani degli uomini perché lo rendano fecondo e più perfetto col loro lavoro, e *predicando la verità intorno alla redenzione*, per cui il Figlio di Dio ha salvato tutti gli uomini e, al tempo stesso, li ha uniti gli uni agli altri, rendendoli responsabili gli uni degli altri » (n. 51).

7. Lo spettro della guerra del Golfo

Come ci ha aperto il cuore a proposito degli avvenimenti del 1989, così Papa Giovanni Paolo II non poteva non confidarci ancora una volta la mortale amarezza da lui provata durante la recente drammatica guerra del Golfo Persico, ripetendo il grido:

> « "Mai più la guerra!". No, mai più la guerra, che distrugge la vita degli innocenti, che insegna ad uccidere e sconvolge egualmente la vita degli uccisori, che lascia dietro di sé uno strascico di rancori e di odi, rendendo più difficile la giusta soluzione degli stessi problemi che l'hanno provocata! » (n. 52).

VI. Rendere credibile il messaggio sociale realizzandolo

Nel capitolo conclusivo dell'enciclica (nn. 53-62), Giovanni Paolo II si diffonde a illustrare la stretta connessione tra dottrina sociale e missione evangelizzatrice della Chiesa, rilette ambedue nella prospettiva di quell'antropologia cristiana che, fin dagli esordi del suo pontificato, gli fa proclamare ovunque e senza posa che *l'uono* è *la via della Chiesa* (nn. 53-55).

Passa quindi a ricordare che il messaggio sociale del Vangelo non dev'essere considerato una teoria, ma anzitutto un *fondamento* e una *motivazione* per *l'azione* – anzitutto rinnovando una *effusione di carità*:

> « Oggi più che mai la Chiesa è cosciente che il suo messaggio sociale troverà credibilità nella *testimonianza delle opere,* prima che nella sua coerenza e logica interna. Anche da questa consapevolezza deriva la sua *opzione preferenziale per i poveri,* la quale non è mai esclusiva né discriminante verso altri gruppi. Si tratta, infatti, di opzione che non vale soltanto per la povertà materiale, essendo noto che, specialmente nella società moderna, si trovano molte forme di povertà non solo economica, ma anche culturale e religiosa. L'amore della Chiesa per i poveri, che è determinante ed appartiene alla sua costante tradizione, la spinge a rivolgersi al mondo nel quale, nonostante il progresso tecnico-economico, la povertà minaccia di assumere forme gigantesche. Nei Paesi occidentali c'è la povertà multiforme dei gruppi emarginati, degli anziani e malati, delle vittime del consumismo e, più ancora, quella dei tanti profughi ed emigrati; nei Paesi in via di sviluppo si profilano all'orizzonte crisi drammatiche, se non si prenderanno in tempo misure internazionalmente coordinate » (n. 57).

– In secondo luogo

« l'amore per l'uomo e, in primo luogo, per il povero, nel quale la Chiesa vede Cristo, si fa concreto nella *promozione della giustizia.* Questa non potrà mai essere pienamente realizzata, se gli uomini non riconosceranno nel bisognoso, che chiede un sostegno per la sua vita, non un importuno o un fardello, ma l'occasione di bene in sé, la possibilità di una ricchezza più grande.
Solo questa consapevolezza infonderà il coraggio per affrontare il *rischio* ed il *cambiamento* impliciti in ogni autentico tentativo di venire in soccorso dell'altro uomo.
Non si tratta, infatti, solo di dare il superfluo, ma di aiutare interi popoli, che ne sono esclusi o emarginati, ad entrare nel circolo dello sviluppo economico ed umano. Ciò sarà possibile non solo attingendo al superfluo, che il nostro mondo produce in abbondanza, ma soprattutto *cambiando gli stili di vita, i modelli di produzione e di consumo, le strutture consolidate di potere* che oggi reggono le società.
Né si tratta di distruggere strumenti di organizzazione sociale che han dato buona prova di sé, ma di *orientarli* secondo un'adeguata concezione del bene comune in riferimento all'*intera famiglia umana.* Oggi è in atto la cosiddetta "*mondializzazione dell'economia*", fenomeno, questo, che non va deprecato, perché può creare straordinarie occasioni di maggior benessere » (n. 58).

Conclusione:
la difesa dell'uomo leitmotiv dell'intera dottrina sociale della Chiesa

A mo' di conclusione di questa rapida lettura del ricco documento commemorativo, sembra opportuno collocare il n. 61 della *Centesimus Annus,* concisa e nitida sintesi di cent'anni di magistero sociale cristiano:

« All'inizio della società industriale, fu "il giogo quasi servile" che obbligò il mio predecessore a prendere la parola in *difesa dell'uomo.* A tale impegno nei cento anni trascorsi la Chiesa è rimasta fedele! Infatti, è intervenuta nel periodo turbolento della lotta di classe dopo la prima guerra mondiale, per difendere l'uomo dallo sfruttamento economico e dalla tirannia dei sistemi totalitari.
Ha posto la dignità della persona al centro dei suoi messaggi sociali dopo la seconda guerra mondiale, insistendo sulla destinazione universale dei beni materiali, su un ordine sociale senza oppressione e fondato sullo spirito di collaborazione e di solidarietà.
Ha poi ribadito costantemente che la persona e la società non hanno bisogno soltanto di questi beni, ma anche dei valori spirituali e religiosi. Inol-

tre, rendendosi conto sempre meglio che troppi uomini vivono non nel benessere del mondo occidentale, ma nella miseria dei Paesi in via di sviluppo, e subiscono una condizione che è ancora quella del "giogo quasi servile", essa ha sentito e sente l'obbligo di denunciare tale realtà con tutta chiarezza e franchezza, benché sappia che questo suo grido non sarà sempre accolto favorevolmente da tutti.

A cento anni dalla pubblicazione della *Rerum Novarum* la Chiesa si trova tuttora davanti a "cose nuove" e a nuove sfide. Perciò, il centenario deve confermare nell'impegno tutti gli uomini di buona volontà e, in particolare, i credenti » (n. 61).

L'abbraccio universale

Prima di deporre la penna, Giovanni Paolo II innalza lo sguardo a Cristo, Signore del tempo e dell'eternità. È lui che ha fatto propria la via dell'uomo e lo guida anche quando questi non se ne rende conto. È lui che continuamente va ripetendo all'umanità di questa fine del secolo, ormai in procinto di varcare la soglia del nuovo millennio: « *Ecco, io faccio nuove tutte le cose* ».

Rimane da mettere la data; nella scia dei suoi pedecessori che hanno ricordato quel 15 maggio 1891 come una pietra miliare per la Chiesa, per l'umanità e la stessa dottrina sociale cristiana, la data « dovrebbe » essere il 15 maggio 1991. Invece il Papa sceglie il 1° maggio; non solo perché in quel giorno, nel calendario della Chiesa, si fa memoria di San Giuseppe lavoratore, ma soprattutto – pensiamo noi – per invitare, accogliere e abbracciare il Movimento operaio del mondo intero.

Dopo questo paterno, fraterno abbraccio, il Papa può apporre la sua firma: Joannes Paulus II.

INDICE

Stampato a Casale Monferrato (AL)
presso P.PM. Poligrafico Piemontese